Annemarie Kolbe

Der Airedale-Terrier

Aufzucht – Haltung – Pflege – Erziehung

Kosmos
Gesellschaft der Naturfreunde
Franckh'sche Verlagshandlung
Stuttgart

Mit 19 Farbfotos und 2 Schwarzweißfotos sowie 7 Zeichnungen im Text von Eva Hohrath

Umschlaggestaltung von Edgar Dambacher unter Verwendung eines Dias von Eva-Maria Krämer-Vogeler

Fachtierärztliche Durchsicht: Dr. Schneider, München

CIP-Kurztitelaufnahme der Deutschen Bibliothek

Kolbe, Annemarie:
Der Airedale-Terrier : Aufzucht – Haltung – Pflege –
Erziehung / Annemarie Kolbe. – 2. Aufl. –
Stuttgart : Franckh, 1985.
 (Kosmos-Hundebibliothek in Farbe)
 ISBN 3-440-05543-4

Abb. 1. (S. 2) ,,Der König der Terrier.'' (Foto: H. Diedrich)

2. Auflage
Franckh'sche Verlagshandlung, W. Keller & Co., Stuttgart / 1985
Printed in Italy / Imprimé en Italie / L9 mm H os / ISBN 3-440-05543-4
Satz: G. Müller, Heilbronn
Reproduktion, Druck und Buchbinder: Grafiche Muzzio, Padua, Italien

Der Airedale-Terrier

Vorwort

Wer kennt den Kriegshund? Wer weiß, wie ein Petroleumhund ausschaut? Nun, hinter diesen beiden Bezeichnungen verbirgt sich der Airedale-Terrier! Kriegshund – bei englisch sprechenden Nationen Wardog –, so nennen ihn noch heute viele unserer älteren Mitbürger, denn er bewährte sich als Melde- und Sanitätshund auf den verschiedensten Kriegsschauplätzen. Und Petroleumhund ist scherzhaft gemeint, denn der englische Rassename wird im Dialekt so ähnlich klingend wie ,,Erdoel'' ausgesprochen.

Gedacht ist dieser Band für alle diejenigen, die daran denken, den Airedale-Terrier als Haushund in ihre Familie aufzunehmen. Aufgezeichnet soll werden, welch guter Kern hinter der rauhen Schale steckt; für welchen Lebensraum – und dazu gehört auch die Mentalität des Interessierten – der Airedale-Terrier der passende Hund sein kann.

Daneben bleibt der Wunsch, daß Kenner und Bewunderer dieser Rasse beim Durchblättern und Lesen sagen: Ja, das und so ist er, der ,,König der Terrier''.

Abb. 2. Der tägliche Spaziergang bei jedem Wetter... (Foto: X. Hehl)

Die Herkunft

Bewußt wird darauf verzichtet, die Rassen namentlich zu nennen, welche bei der Entstehung des Airedale-Terriers eine Rolle gespielt haben können. Zum einen gibt es keine konkreten Unterlagen über die Einkreuzungen, zum anderen hatten die möglicherweise benutzten Rassen vor 100 Jahren z.T. ein völlig anderes Aussehen als heute. Denn auch an ihrem Erscheinungsbild ist die systematische Zucht auf das im jeweiligen Rassestandard festgelegte Ideal nicht spurlos vorübergegangen. Manche wahrscheinlichen Ahnen können gar nur noch auf Gemälden bewundert werden, weil sie inzwischen nicht mehr existieren. Und keiner vermag uns heute zu sagen, ob diese derart abgebildeten Hunde auch wirklich typische Vertreter ihrer Rasse gewesen sind. Ebensowenig kann man sich auf das beschreibende Wort verlassen; Sprache und Bedeutung einzelner Ausdrücke oder Formulierungen sind einer dauernden Wandlung unterworfen, und es gibt nicht nur Jägerlatein! Abgesehen davon hängt eine solche Beschreibung, besonders aus früheren Zeiten, sehr ab von der Einstellung des Schreibers zu der betreffenden Rasse, Beispiele dafür gibt es genügend.

Wie nahezu alle Terrier-Rassen stammt auch der Airedale von den Britischen Inseln. Und wie alle Nutzhund-Rassen wurde er geschaffen für einen bestimmten Zweck – nur hatten seine Väter eine recht breit gefächerte Einsatzmöglichkeit vor Augen.

Daraus resultiert heute noch die – je nach vorhandener, ererbter Veranlagung – so vielseitige Verwendung des Airedale-Terriers.

Entstanden ist er vor gut 100 Jahren in der englischen Grafschaft Yorkshire, vor allem rund um die Städte Bingley, Bradford und Otley, alle in nächster Nähe des Flusses Aire gelegen. Zunächst wurde er hauptsächlich von Arbeitern in den dortigen Bergwerken gezüchtet, um ihn auf der Jagd entlang des Aire-Flusses einzusetzen. Bei dem schon immer sehr stark ausgeprägten sportlichen Ehrgeiz der Briten ist es durchaus denkbar, daß der Wettstreit der einzelnen Gruppen aus den verschiedenen Bergwerken untereinander dazu geführt hat, daß der Airedale so rasch an Popularität gewann. Mit ein Grund dafür ist auch, daß er in sich so viele gute und nützliche Eigenschaften vereinigt, denn als neue Rasse hatte er sich gegenüber längst vorhandenen durchzusetzen. Zunächst Waterside- oder ganz einfach Working-Terrier genannt, erschien er als Bingley-Terrier auf den damals aufkommenden Hundeausstellungen. Im Jahr 1879 schlug ein von der neuen Rasse begeisterter Zuchtrichter vor, einen gefälligeren und vor allem auch den Züchtern in Bradford, Otley und anderen Orten gerecht werdenden Namen zu suchen. Wenig später wurde der Terrier aus dem Tal der Aire als Airedale-Terrier anerkannt. Rasch wuchs seine Beliebtheit in ganz Großbritannien und bald darauf auch auf dem europäischen Festland und in den Vereinigten Staaten von Amerika. Sein damaliger Siegeszug um die Welt ist noch heute, im Zeitalter des Jet, ein Rekord. Nur 12 Jahre nach der Namensgebung mußte 1891 auf einer der damals bekanntesten Hundeausstellungen im Londoner Crystal Palace ein 1. Preis geteilt werden: Eine Gruppe von Airedale-Terriern wurde gleichwertig neben ein Team der damals beliebten Dandie-Dinmont-Terrier gestellt. In Deutschland machte 1892/93 der Redakteur von „Hundesport und Jagd", Ernst von Otto, auf die vielseitige Verwendungsmöglichkeit des Airedales aufmerksam. Und bereits am 3./6. 5. 1894 konnten auf der Münchner Ausstellung acht ausgestellte Exemplare dieser neuen Rasse bewundert werden.

1894 ist auch das Gründungsjahr des *Klub für Terrier e. V.* (KFT), seinerzeit noch „Klub für rauhhaarige Terrier" genannt. Der KFT betreut heute 25 Terrier-Rassen und führt das vom VDH anerkannte Zuchtbuch. Der Airedale-Terrier brachte es von 150 Eintragungen (1902) auf rund 109 200 (1984), eine wahrhaft stolze Zahl; zumal, wenn man bedenkt, daß dazwischenliegende Kriege und schwierige Nachkriegsjahre jeweils große Rückschläge für eine ordnungsgemäße Zucht brachten.

Abb. 3. Airedale-Terrier sind aufmerksame Blinden-Führhunde. (Foto: X. Hehl)

Als „Kriegshund" fand der Airedale-Terrier bald Anerkennung und Aufnahme bei der deutschen Armee, als solcher bewährte er sich erstmalig 1900 beim sogenannten Boxer-Aufstand in China. In den beiden Weltkriegen wurde er, und dies nicht nur bei der deutschen Armee, als Melde- und Sanitätshund verwendet.

Doch auch als Polizeihund oder beim Zoll war und ist der Airedale im Einsatz. Seine sonstigen Fähigkeiten aufzuzählen würde eine schier endlos lange Liste ergeben. Um nur einige zu nennen: Es gibt den bei der Jagd auf Bären und Berglöwen Erfolgreichen, den bei der Bekämpfung der Klapperschlangen oder bei der Federwild-Jagd sich hervorragend Bewährenden, den Fährten-Spezialisten wie in selteneren Fäl-

len sogar den Hütehund, den erfolgreich an Schlittenhund-Rennen Teilnehmenden wie den ruhigen und besonnenen Blinden-Führhund. Aber wie auch immer arbeitend, in erster Linie ist der Airedale-Terrier unserer Tage der sehr angenehm zu haltende Familienhund, nicht so leicht nachtragend und den Kindern ein guter Spielkamerad. Seine Gutmütigkeit und die nicht so schnell zu erschütternde Geduld zeigen aber auch, daß er von seinen Vätern nicht als „Angriffshund" gedacht war. Zur Zeit seiner „Entstehung", als Hundekämpfe noch

Mode waren, wurde ihm sein nicht auf Kampf um jeden Preis ausgerichteter Charakter manchmal zum Vorwurf gemacht, und so mancher Hundesportler, der aus welchen Gründen auch immer einen „scharfen" Hund haben möchte, kommt auch heutzutage mit dem ihm eigenen Wesen nicht zurecht. Gutmütigkeit und Geduld werden oft als Mangel an „Kampfgeist" ausgelegt, wenn nicht gar als Feigheit bezeichnet. Dabei gibt es unzählige Beispiele aus aller Herren Länder, die beweisen, daß der überaus intelligente Airedale sehr wohl selbst entscheiden kann, wann wirkliche Gefahr für seine Familie oder für ihn vorhanden ist, und daß er sich dann voll einsetzt.

Diese Intelligenz und Besonnenheit waren eines der Zuchtziele, als man vor gut 100 Jahren begann. Für die Jagd im Tal der Aire wurde ein umsichtig arbeitender, jede Situation ausnutzender Terrier benötigt und kein Draufgänger, der sich selbst durch unbesonnene Attacken in Gefahr brachte. Seine Väter schufen sich diesen Hund im Airedale-Terrier und hatten dabei einen guten Griff – die bei den Briten oft gelobten „grünen" Finger – in der Zucht. Denn welche Rassen damals auch Pate standen, von nahezu allen hat er überwiegend gute und nützlich zu verwendende Eigenschaften übernommen. Eines der enthusiastischen Loblieder aus jenen Zeiten soll diesen Abschnitt beenden. Und wenn sich auch seitdem vieles gewandelt hat, so manche Aussage in dieser Lobeshymne ist noch immer voll gültig. Da heißt es, nach einer Schilderung der wahrscheinlichen Entstehungsgeschichte:

„Heraus aus diesen Experimenten kam der moderne Airedale-Terrier. Er ist flink, furchtlos, elegant, mit viel Verstand, ein idealer Kamerad und Wächter. Da gibt es nahezu nichts, was er nicht lernen kann, so nur sein Trainer das Talent hat, es ihn zu lehren. Er ist seinem Herrn ein ihn anbetender Kumpel und gegenüber dem Gesindel wie ein vernichtender Blitzstrahl. Im Südwesten und anderswo ist diese Veranlagung von unzähligen Sportsleuten genutzt worden. Airedale können die Arbeit von Pointern und Settern sowie anderer Jagdhunde verrichten. In Nase, Beharrlichkeit, flinkem Apport sowie beim Auffinden geschossener Vögel haben jagdlich ausgebildete Airedale erstaunlich gute Ergebnisse erbracht. Da ist nichts unnütz in seinem Erscheinungsbild, jeder Zentimeter wohl durchdacht, kompakt, drahtig, kein schlappes Nebenprodukt. Eine perfekte Maschine, aber eine Maschine mit sehr viel Verstand. Er besitzt ungeheuer viel Intelligenz und Instinkt, nur wenige andere Hunde (Rassen) sind darin gleichwertig. Niemals kann eine Mode den Airedale um seine Existenz bringen, zu viele Leute haben gelernt, ihn über alle anderen Rassen hinweg zu schätzen. Er ist hier, um zu bleiben, er hat sich dieses Recht auf Dauer erworben."

Rassebeschreibung

Felsenzeichnungen aus grauer Vorzeit zeigen bestimmte Arten von Hunden bei der Jagd, naive Gravuren den Schlittenhund. Darstellungen mannigfacher Art hinterließen die Ägypter, und in den Mythologien vieler Völker spielen Hunde eine große Rolle. Aristoteles und später Ovid und Varro beschrieben Aussehen und Verwendung der Hunde ihrer Epoche. Aus dem Mittelalter sind oft in sehr blumiger Sprache abgefaßte Charakterisierungen der damaligen Rassen erhalten geblieben. Wir wissen aus den dazu gehörenden Illustrationen, wie diese Hunde gepflegt, gehalten und ausgebildet wurden, wie sie gearbeitet haben. Im nachhinein muß man fast dankbar dafür sein, daß die meisten Menschen jener Generationen des Lesens unkundig waren. Zeichnungen mußten oft das Wort ersetzen, und so können wir uns heute ein recht genaues Bild machen. Doch geben diese überlieferten Rassebeschreibungen allzuoft nur die Meinung oder Ansicht des betreffenden Verfassers wieder und sind bestenfalls regional zu verwenden.

Rassestandards in der heutigen Form entstanden erst, als Hundeausstellungen aufkamen, bei denen nicht nur die örtlich sowieso vorhandenen Hunde am Wettstreit teilnahmen. Es war notwendig geworden, den auf diesen Schauen amtierenden Zuchtrichtern eine schriftlich fixierte Richtschnur zu geben. Das *Ideal*-Bild einer Rasse – damals wie heute unerreichbar – wurde nicht mehr nur von einzelnen festgelegt, sondern von einer geschlossenen Gruppe von Züchtern und Förderern der betreffenden Rasse, oft erst nach langen und ausführlichen Diskussionen. In vielen Fällen wurden noch 100 Punkte aufgeteilt auf die Beschreibung von Kopf, Augen, Ohren, Rücken, Haar, Farbe usw. Derart hatte man die Möglichkeit, auch in Zahlen auszudrücken, wieviel Wert auf das eine oder andere zu legen sei. Keineswegs war diese Punkte-Skala dazu gedacht, einen Hund danach zu beurteilen. Zwar versuchten 1909 drei Zuchtrichter auf einer Frankfurter Hundeausstellung, die gemeldeten 82 Airedale-Terrier danach zu bewerten. Rasch erkannte man jedoch, daß dies nicht durchführbar ist. Schönheit des äußeren Erscheinungsbildes – und dazu gehört immer auch der rassetypische Charakter – kann man nicht in Punktezahlen ausdrükken. Dies ist nur möglich bei meßbarer Leistung und selbst hier, wie bekannt, oft Ursache scheinbar ungerechter Entscheidungen.

Ein Rassestandard beschreibt also das Ideal und ist weltweit Grundlage für die Zucht und die Beurteilungen im Ausstellungswettbewerb. Dennoch – auch dies sollte bedacht werden –, geschriebenes Wort ist im begrenzten Rahmen immer Auslegungssache. Man tut also gut daran, über Einzelheiten nie das Gesamtbild zu vergessen. Denn das, was landläufig des öfteren als „moderner Typ" herausgestellt wird, ist in vielen Fällen lediglich eine Va-

Abb. 5. Der heute noch siegende Typ ist unverkennbar ... Ölgemälde von F. T. Daws, 1922

riante des Herausbringens (Trimmen). Dies gilt nicht nur für den Airedale-Terrier, sondern für jede Rasse, welche – um die Schönheit hervorzuheben – geschnitten und/oder getrimmt wird. Es braucht nur etwas Fantasie bei der Betrachtung von Fotos des einen oder anderen Champion-Airedale-Terriers von vor 70 oder 80 Jahren, und der heute noch siegende Typ ist erkennbar. Damals verstand man nur noch nicht genügend – oder wandte es nicht an – vom geschickten Herausbringen (Trimmen). Oft läßt lediglich das Fehlen der heutzutage vorhandenen reichlicheren Beharrung der Läufe und/oder des Bartes diese damals Champion-Titel tragenden Airedale fürs Auge unproportionierter erscheinen als den ,,modernen Airedale''. Man mag diese Entwicklung bedauern, zurückdrehen läßt sich die Uhr nicht. Der Airedale-Terrier hat wie so manch andere Rasse viele seiner ,,Arbeitsgebiete'' verloren. Er bzw. seine Züchter mußten sich den Ansprüchen eines sich wandelnden Geschmackes anpassen. Aber dank seinen Schöpfern von vor 100 Jahren trägt er genügend gesundes und vielfach einzusetzendes Erbgut in sich, so daß er auch in unserem Alltag seine Daseinsberechtigung hat und vielen Menschen ein guter Gefährte ist.

Der erste Rassestandard für Airedale-Terrier wurde 1879 geschrieben. Mit der Zeit gehend und durch neue Erfordernisse fanden seitdem einige Umschreibungen resp. präzisere Formulierungen statt; trotzdem wäre die knapp gehaltene Urform in nahezu jedem Punkt immer noch anwendbar. Die umfassendste Veränderung betrifft den Abschnitt über das Gewicht und die Größe. Hier war zunächst nur ein erstrebenswertes Gewicht angegeben, später kamen Größenangaben dazu, und bis 1905 unterschied man in Deutschland zwischen einem sogenannten kleinen und einem großen Schlag. Bei der Drucklegung der Rassekennzeichen nach dem letzten Krieg (in Deutschland erschienen 1950) gab es immer noch eine Gewichtsangabe, die jedoch wenig später dann gestrichen wurde. Man hatte eingesehen, daß es unmöglich ist, bei einem mittelgroßen Hund – und dazu gehört der Airedale – ein Körpergewicht so quasi vorzuschreiben. International üblich ist es, daß für Festlegungen im Rassestandard immer das betreffende Herkunftsland maßgebend ist. Zuständig für den Airedale-Terrier ist Großbritannien. Die sinngemäße Übersetzung lautet:

Charakteristik: Lebhaft im Ausdruck, rasch in der Bewegung, stets voll höchster Gespanntheit und Erwartung. Der Charakter wird geprägt und gezeigt durch den Ausdruck der Augen wie die Haltung der Ohren und der Rute.

Allgemein-Erscheinung: Die verschiedenen Teile des Terriers sollten in Proportionen zueinander stehen, so daß sich eine symmetrische Erscheinung ergibt. In der Bewegung sollten die Läufe geradeaus getragen werden, Vorderläufe senkrecht und parallel mit den Körperseiten. Die Vortriebskraft wird durch die Hinterläufe gegeben; vollendete Laufaktion wird bei einem Terrier gefunden, der lange Oberschenkelknochen sowie muskulöse Unterschenkel mit guter Winkelung am Kniegelenk besitzt, welche ein kräftiges und schnelles Vorwärtsbewegen der Hinterhand zuläßt. Von vorn gesehen sollten die Vorderläufe die Fortsetzung der geraden Linie der Front

bilden, die Pfoten ebensoweit voneinander entfernt wie die Ellbogen. Im Stand ist es oft schwierig festzustellen, ob der Terrier etwas lose in den Schultern ist, aber sobald er sich in Bewegung setzt, wird dieser Fehler – so vorhanden – augenscheinlich, da die Vorderpfoten dann die Tendenz haben, übereinander zu kreuzen. Ist im Gegensatz dazu der Terrier jedoch zu eng in den Schultern, werden die Pfoten nach außen gedreht. Ein großer Verlust an Vortriebskraft (der Hinterhand) entsteht, wenn Sprunggelenke nach innen und, dadurch bedingt, Kniegelenk und Pfoten nach außen gedreht werden. Sind die Sprungge-

Abb. 6. Ideale Kopfform für einen Airedale. (Foto: A. Kolbe)

Abb. 7. ,,Die verschiedenen Teile des Terriers sollten in guten Proportionen zueinander stehen'' – eine Forderung aus dem Rassestandard. (Foto: X. Hehl)

lenke jedoch auswärts gedreht, neigen die Hinterpfoten zur sich kreuzenden Bewegung.

Kopf und Schädel: Der Schädel sollte lang und flach sein, nicht zu breit zwischen den Ohren und den Augen zu etwas schmaler

16

werdend. Er sollte gut ausgeglichen sein mit nur geringem Unterschied in der Länge von Schädel und Vorgesicht. Der Schädel muß frei von Falten sein mit kaum sichtbarem Stirnabsatz, die Wangenpartie glatt und nicht stark hervortretend. Das Vorgesicht soll vor den Augen gut ausgefüllt sein, es darf nicht rasch abfallen, andererseits sollte jedoch der Eindruck eines glatten Keils vermieden werden. Ober- und Unterkiefer tief, kraftvoll, stark und muskulös, da die Stärke des Vorgesichts beim Airedale sehr erwünscht ist. Trotzdem dürfen die Kiefer nicht übermäßig entwickelt sein, um der Wangenpartie nicht ein zu rundes oder zu ausgeprägtes Aussehen zu geben, da ,,Backe`` unerwünscht ist. Lefzen fest anliegend, Nasenspiegel schwarz.

Augen: Dunkel in der Farbe, klein und nicht hervortretend. Voller Terrierausdruck, Aufgewecktheit und Intelligenz.

Ohren: V-förmig, seitlich abstehend, aber mit der Ohrspitze nach vorn weisend getragen. Klein, jedoch nicht im Mißverhältnis zur Größe des Terriers stehend. Die obere Linie des gefaltet getragenen Ohres sollte höher liegen als das Oberteil des Schädels. Ein ,,tot`` herabhängend getragenes Ohr (wie bei einem hound) ist ein Fehler.

Gebiß: Zähne kräftig, Scherengebiß, fest wie ein Schraubstock aufeinanderschließend.

Hals: Von mäßiger Länge und Dicke, muskulös und zu den Schultern hin allmählich weiter werdend. Trocken (d. h. keine faltige Haut) und keine Wamme (d. h. Kehlhaut).

Vorhand: Schultern sollten lang, gut zurückliegend und schräg zum Rücken abfallend sein, die Schulterblätter flach. Vorderläufe müssen absolut gerade und starkkno-

chig sein. Ellbogen senkrecht zum Körper und frei an den Seiten arbeitend (in der Bewegung).

Körper: Rücken kurz, stark, gerade und eben, ohne Anzeichen von Schlaffheit. Lendenpartie kräftig und Rippen gut gebogen. Bei einem gut aufgerippten und kurzrückigen Terrier bleibt wenig Raum zwischen letzter Rippe und Hüften; Schlaffheit wird sich hier zeigen, wenn der Terrier zu lang im Rücken ist. Tiefe, aber nicht zu breite Brust.

Hinterhand: Sollte lang und muskulös sein, ohne abzufallen. Oberschenkel lang und kräftig mit gut entwickeltem Unterschenkel, gut gewinkelt und weder nach innen noch nach außen gedreht gestellt. Tiefe Sprunggelenke, die von hinten gesehen parallel zueinander stehen sollten.

Pfoten: Klein, rund und kompakt, mit guter Ballentiefe, gut gepolstert mit etwas gebogenen Zehen, weder nach innen noch nach außen gedreht stehend.

Rute: Hoch angesetzt und vergnügt getragen, aber nicht über den Rücken gezogen. Von guter Stärke und Substanz, recht lang kupiert.

Behaarung: Sollte hart sein, dicht und drahtig, aber nicht so lang, daß das Fell struppig ausschaut. Die Haare flach und dicht anliegend, Körper und Läufe bedeckend. Die äußere Behaarung aus harten, drahtigen, steifen Haaren, die Unterwolle kürzer und weicher. Bei einigen sehr hart behaarten Airedale ist die äußere Behaarung manchmal leicht gewellt. Ein krauses Fell ist eine Beanstandung.

Farbe: Haare auf Kopf und Ohren mit Ausnahme der schwarzen Markierungen an beiden Seiten des Schädels ,,tan``, die Ohren eine Schattierung dunkler als das übrige. Ebenso die Läufe bis hinauf zu den Ellbogen und die Hinterhand „tan"-farben. Das übrige Gebäude schwarz oder dunkel meliert behaart.

Gewicht und Größe: Schulterhöhe (Widerristhöhe) für Rüden ca. 58,5 bis 61 cm, für Hündinnen ca. 55,9 bis 58,5 cm. Gewicht in Übereinstimmung mit der Größe und dem Typ.

Nachsatz: Die Rüden müssen zwei vollentwickelte Hoden im Hodensack haben. Und für diejenigen, die es ganz genau wissen möchten, nachstehend noch die Urform der Punkte-Skala:

Kopf 5, Augen 5, Ohren 5, Kiefer 10, Nase 5, Gebiß 5, Hals und Schultern 10, Gebäude einschl. Hinterhand und Rute 20, Läufe und Pfoten 10, Behaarung 15, Farbe 10.

Ratschläge vor dem Kauf

Glücklicherweise zählt der Airedale-Terrier nicht zu den Mode-Rassen und wird hoffentlich nie dazu gehören. So bleibt ihm meist das Schicksal der aus einer Laune heraus unüberlegt angeschafften und bald danach lästig gewordenen, ausgesetzten Hunde erspart. Heute ist nicht einmal der oft recht hohe Kaufpreis für eine Mode-Hunderasse die Garantie für pflegliche Behandlung; der prozentuale Anteil von Rassehunden der Art, welche gerade „in" ist, unter den in überfüllten Tierheimen auf ein besseres Zuhause wartenden Vierbeinern, spricht eine deutliche Sprache.

Wer sich für einen Airedale entschließt, informiert sich vorher oder kennt die Rasse und ihren Charakter. Trotzdem hier die eindringliche Mahnung, *vor* dem Erwerb alle Aspekte der Hundehaltung ausgiebig, gründlich und vor allem mit der ganzen Familie eingehend zu überlegen. Tauchen dann bei einer Frage große Bedenken auf, sollten Sie auf die Hundehaltung verzichten beziehungsweise – z.B. bei Platzmangel – nicht einen Hund von der Größe eines Airedales, sondern einen Vertreter einer kleineren Rasse wählen. Auch sollten Sie darauf achten, ob der Airedale zu Ihrer Lebenseinstellung paßt; andere Rassen haben andere Charaktereigenschaften, welche Ihnen möglicherweise mehr zusagen. Bei allen Überlegungen müssen Sie sich vor Augen halten, daß Sie beim Kauf eines Hundes die Verantwortung für ein Lebewesen übernehmen; Umtausch, weil ein anderes Muster in Mode kommt, ist ausgeschlossen!

Der Airedale-Terrier ist ein relativ spät erwachsen werdender, dafür aber bis ins hohe Alter jung bleibender Vierbeiner, seine Lebenserwartung liegt bei artgerechter Haltung allgemein bei 11 bis zu 14 Jahren. Denken Sie daran, daß die täglich notwendigen Spaziergänge bei jedem Wetter durchzuführen sind. Wer die eigene Ruhe und Behaglichkeit über alles schätzt, für den ist also der Airedale nicht der richtige Gefährte, sein Bewegungsbedürfnis ist mit drei täglichen Runden um den Häuserblock nicht gestillt, sein Betätigungsdrang muß in die richtigen Bahnen gelenkt werden, verlangt also Beschäftigung mit ihm. Äußerst selten wird der Airedale auch der passende Begleiter sein für denjenigen, welcher in erster Linie von seinem Hund unbedingte und sehr ausgeprägte Unterwürfigkeit verlangt. Nun ist dies zwar nicht so zu verstehen, daß der Airedale etwa nicht gehorcht oder nicht lernen könnte zu gehorchen, dies kann er und tut es gern und willig, sofern es ihn nur in zu seinem Wesen passender Weise gelehrt wird. Aber die ganze Art des Airedales ist doch, man ist versucht zu sagen „typisch englisch", recht selbstbewußt, und sture Routine ist ihm sehr zuwider. Man könnte auch sagen, daß der Airedale einsehen muß, daß Gehorsam zu einem bestimmten Zweck notwendig ist. Wer sich für den Airedale entschließt, sollte ein fröhlicher Mensch sein, aufgeschlos-

Abb. 8. Airedale-Terrier sind bis ins hohe Alter verspielt. (Foto: W. Schneider)

sen und lebensbejahend mit Sinn für gelegentliche Lausbubereien seines vierbeinigen Familienmitgliedes. Und vor allem muß der Besitzer eines Airedale-Terriers das bei dieser Rasse so stark ausgeprägte Abwägen zwischen scheinbarer und echt vorhandener Gefahr verstehen und zu schätzen wissen. Von seiner Herkunft ist der Airedale nun mal kein auf Angriff um jeden Preis gezüchteter Hund. Dieser große Terrier kann, je nach gegebener Situation, durchaus einmal Schoßhund oder Schutzhund sein.

Bevor Sie jetzt eilen, um sich einen Airedale ins Haus zu holen, weil Sie zu wissen glauben, daß dies die einzige zu Ihnen und Ihrer Familie passende Rasse ist, gilt es jedoch noch ein paar wesentliche Punkte zu klären. Da wäre der *Mietvertrag,* der auf Klauseln bezüglich der Hundehaltung durchzusehen ist. Überdenken Sie die Zeitfrage, denn es wäre unverantwortlich und würde über kurz oder lang zu Schwierigkeiten führen, wenn sich während Ihrer täglichen Abwesenheit von zu Hause niemand um Ihren Vierbeiner kümmern könnte. Sie werden in diesem Band keinerlei Anweisungen für einen Zwingerbau finden, für einen Alleinhund ist der Familienanschluß wichtig und notwendig. Der Airedale besitzt sehr gute Schutzhundeigenschaften und ist ein guter Wächter. Aber dafür gehört er *ins* Haus, denn nur dort fürchten ihn die Ganoven. Jeden außerhalb in einem Zwinger gehaltenen Hund vermögen derartige finstere Gestalten mit irgendeinem Trick auszuschalten. Denken Sie einmal darüber nach, warum es fälschlicherweise so oft heißt, daß Mischlingshunde klüger sind als Rassehunde. Einmal abgesehen von den ewig Herumstromernden, die scheinbar nie unter die Räder kommen, werden all die anderen heiß und innig geliebt. Sie sind ein Teil der Familie, oft der einzig verbliebene Lebensinhalt vereinsamter Menschen. Mit ihnen wird viel gesprochen, sie teilen Freud und Leid mit ihrem Besitzer. Durch diesen ständigen Kontakt mit „ihrem" Menschen entwickeln diese Hunde einen erstaunlichen Spürsinn und erfassen sehr rasch jede Situation. Sie sind aufgeweckter und wohl auch klüger als so mancher lediglich aus Prestigegründen gehaltene Rassehund ohne Familienanschluß. Isoliert aufgewachsene und allein gehaltene Vierbeiner werden kontaktarm, eine kurze Beschäftigung mit ihnen je nach Laune und Wetterlage reicht bei weitem nicht aus, um aus Hunden das zu machen, was sie sein sollten: Freund und Beschützer ihrer Familie. Vielleicht werden Sie jetzt an die Zwingerhaltung beim Züchter denken. Hier liegen die Verhältnisse jedoch anders. Zum einen weiß der verantwortungsbewußte Züchter sehr wohl um diese Problematik und verbringt viele Stunden damit, seinen Hunden das Gefühl des Dazugehörens zu geben. Zum anderen ist beim Züchter *ein* Hund ja nicht im Zwinger völlig isoliert von der Umwelt, sondern es sind Artgenossen mit ihm zusammen oder doch zumindest „nebenan". Von allem bisher Gesagten einmal abgesehen, wird der täglich für viele Stunden sich selbst überlassene Vierbeiner sich aus reiner Langeweile selber eine Beschäftigung suchen, die meist darin besteht, alles und jeden zu verbellen. Dieser ewige Krach wird dann sogar dem größten Hundefreund unerträglich, und das ständige Gekläff wird zu leicht auch der Grund für laufende Auseinandersetzungen mit den Nachbarn.

Auch der finanziellen Seite müssen Sie mehr als einen flüchtigen Gedanken widmen. Zwar ist der Kaufpreis eine einmalige Ausgabe, aber jährlich zu zahlen sind Hundesteuer und die Prämie für eine *Hundehaftpflichtversicherung*. Über die Höhe der Hundesteuer erteilen die örtlichen Behörden Auskunft; eine Versicherung abzuschließen ist unbedingt notwendig, da nach § 833 BGB der Hundehalter regreßpflichtig gemacht wird für jeden durch seinen Hund angerichteten Schaden. Das Honorar für Besuche beim Tierarzt, gedacht ist hier an notwendige Kontrolluntersuchungen wie die nach gewissen Zeitabständen zu wiederholenden Schutzimpfungen, ist einzuplanen. Mit mehr als ein paar Pfennigen fallen Fütterungs- und Pflegekosten ins Gewicht. Zwar können Sie letztere niedrig halten, indem Sie sich selber die notwendigen Handgriffe für das Zurechtmachen — also Trimmen — aneignen; aber fürs Futter müssen Sie bezahlen, denn mit Tischabfällen darf man nicht füttern, der Hund ist keine Abfalltonne. In dieser Kalkulation darf auch nicht vergessen werden, die Kosten für einen Pensionsplatz einzubeziehen, sollte die Urlaubsreise der Familie in ein Land gehen, wohin sie ihren Hund nicht mitnehmen kann.

Und dann die Platzfrage. An sich ist es einem Airedale egal, ob Landhaus oder Stadtwohnung, sofern genügend ausgiebige Bewegung und Beschäftigung für ihn und mit ihm gewährleistet ist. Da jedoch, wie schon erklärt, Familienanschluß notwendig ist, muß Raum genug sein, damit er sich einmal umdrehen kann, ohne sofort die Tassen vom Tisch zu fegen. Der Airedale ist zwar bei allem vorhandenen Temperament kein Irrwisch wie so manche kleinere Rasse, aber nur auf seinem Lager – auch dafür muß ein ruhiger, zugfreier Ort vorhanden sein – ist er selbstverständlich im Zuhause nicht zu halten.

Sorgfältig muß überlegt werden, ob es ein Rüde – das ist der männliche Hund – oder eine Hündin sein soll. Spontan entscheidet sich so mancher für den Rüden, weil er die zeitweisen Schwierigkeiten bei der Hündin scheut. Nüchtern soll darum hier versucht werden, Vor- und Nachteile beider Geschlechter abzuwägen. Im Temperament gibt's kaum Unterschiede, wohl im Charakter: Der seelisch robustere Rüde verträgt einen forschen Umgangston oft besser als die sensiblere Hündin; der Rüde ist oft sehr selbstbewußt und verlangt eine konsequentere Erziehung und Haltung als die anschmiegsamere Hündin. Der „Ruf der Natur", d. h. die Suche nach einem Partner, um die Art zu vermehren, wird den Rüden unter Umständen das ganze Jahr über beschäftigen, denn entgegen immer noch weitverbreiteter Annahme gibt's läufige Hündinnen nicht nur zu bestimmten Jahreszeiten. Die Hündin wird durchschnittlich alle 6–7 Monate läufig und muß dann, will

man eine unerwünschte Belegung vermeiden, für drei Wochen strikt unter Kontrolle gehalten werden. Der Tierarzt hat zwar die Möglichkeit, die Folgen einer derartigen unerwünschten Paarung mittels einer Injektion zu beseitigen, dies sollte jedoch nur die letzte Möglichkeit darstellen. Leichtsinnig, im Wissen um diese Möglichkeit, darf man auf keinen Fall sein.

Während der Läufigkeit „färbt" die Hündin – so nennt es der Fachmann –, die Scheide sondert blutigen, dünnflüssigen Schleim ab. In der Zeit, während dies recht stark ist, also in den ersten 8-10 Tagen, kann man der Hündin im Haus eines der im Handel erhältlichen Höschen überstreifen. Notwendig ist es jedoch nur bei Hündinnen, die stärker bluten; gar manche Airedale-Dame zerlegt das teure Höschen auch in kurzer Zeit in seine Einzelteile. Den nur für Hundenasen wahrnehmbaren Geruch der Hündin in der Zeit ihrer Läufigkeit, dieser soll allen Rüden ihre Bereitschaft zur Paarung signalisieren, kann man mit den im Handel erhältlichen Chlorophyll-Tabletten weitgehend unterdrücken. Da aber die Hündin in der Zeit ihrer Hitze – auch so wird vielerorts die Läufigkeit genannt – dazu neigt, „Duftmarken" zu setzen, indem sie ihre Blase nicht wie sonst während eines Spazierganges auf einmal leert, sollte darauf geachtet werden, daß sie mit dem „Pfützemachen" nicht direkt neben der Haustür beginnt. Der Rüde leert seine Blase niemals mit einem Beinchenheben, sondern hat auch nach dem längsten Spaziergang noch ein Tröpfchen parat, um an einer Ecke oder einem Laternenpfahl zu signalisieren, daß *er* da war. Wie schon erwähnt, ist der Rüde möglicherweise das ganze Jahr auf Freiersfüßen, bei der Hündin hat der Tierarzt die Möglichkeit, mittels Medikamenten die Läufigkeit zu unterbinden bzw. den Beginn hinauszuzögern. Dies mag sehr praktisch sein, wenn man die Hündin in die Ferien mitnehmen möchte und befürchten muß, daß gerade zu diesem Zeitpunkt die Läufigkeit einsetzt. Auf eine für den europäischen Kontinent relativ neue Praxis muß in diesem Zusammenhang ebenfalls hingewiesen werden, gemeint ist die Kastration der nicht für Zucht und/oder Ausstellung vorgesehenen resp. geeigneten Rüden *und* Hündinnen. Präzise Erläuterungen über diese Form der Befreiung von ,,Sex-Sorgen'' bei Vierbeinern gibt der Tierarzt.

Für eine Hündin sollten Sie sich immer entscheiden, wenn kleinere Kinder in der Familie sind, vom Naturell her paßt sich die Hündin leichter an. Sie ist, außer in der Zeit der Läufigkeit, sehr viel häuslicher und vor allem nicht so ein Sex-Protz wie mancher Rüde. Schauen Sie sich auch in Ihrer Nachbarschaft um, bevor Sie sich entscheiden, welches Geschlecht Sie auswählen möchten. Werden vorwiegend Hündinnen gehalten, wäre es sicher verkehrt, einen Rüden wie den Hecht im Karpfenteich dazuzugesellen. Der arme Kerl käme aus dem Liebeskummer kaum noch heraus. Es sei denn, Sie entschließen sich zur vorerwähnten Kastration. In der Regel sollte man sich, ob nun Rüde oder Hündin, für ein Jungtier entscheiden. Hier hat man die Erziehung weitgehend selbst in der Hand und kann die Sozialisierungs- und Rangordnungsphase, die beim Hund zwischen der 8. und 16. Lebenswoche liegt, gut nutzen. Gewiß ist die Aufzucht und Erziehung nicht ohne Mühe und, will man es richtig machen, mit viel Arbeit verbunden. Doch wie rasch ist so ein kleiner Hund herangewachsen und aus dem Gröbsten heraus, meist sind nach einem Jahr alle Mühen vergessen. Besonders wenn Kinder vorhanden sind, würde sich ein Junghund besser anpassen, er wächst rascher in den Familienverband hinein. Wichtig ist jedoch, daß die Kinder dazu angehalten werden, im Vierbeiner *nie* das Spielzeug, sondern den Spielkameraden zu sehen und seine Bedürfnisse zu respektieren. Sofern nicht schlechte Erfahrungen den Airedale-Terrier verdorben haben, ist er ein idealer Kinder-Gefährte.

Jedoch tut auch derjenige, welcher sich entschließt, einem etwas älteren Airedale ein gutes Zuhause zu geben, höchst selten einen schlechten Griff. Er bringt natürlich unter Umständen Angewohnheiten mit, die man selber gar nicht so sehr schätzt, hier muß jedoch die Umerziehung mit Geduld und Einfühlungsvermögen einsetzen. Man sollte sich beim Erwerb daher genau über vorhandene Eigenheiten informieren oder bereits ,,Hundeerfahrung'' gesammelt haben. Sehr wichtig ist auch, daß der künftige Besitzer und sein Hund sich auf Anhieb ,,leiden mögen''. Hat der ältere Vierbeiner von vornherein Zutrauen, ist die Umgewöhnung kein Problem. Anfangsschwierigkeiten mag es bei der erwünschten

Abb. 9. Ob Rüde oder Hündin – liebenswert und temperamentvoll sind sie beide! (Foto: X. Hehl)

,,Stubenreinheit'' geben, sofern der etwas ältere Airedale bislang in der Meute und im Zwinger gehalten wurde. Da heißt es, wie bei einem jungen Hund aufpassen. Da aber auch Zwingerhunde sich im Auslauf versäubern, ist es keine unlösbare Aufgabe, ihm beizubringen, daß ,,Pfütze-machen'' und ,,Häufchen-drücken'' auch bei der neuen Herrschaft grundsätzlich draußen zu geschehen hat. Hündinnen lernen dies meist rascher als Rüden; letztere neigen dazu, ihr neues Revier mit Beinchenheben abzugrenzen.

Niemals sollten diejenigen einen sehr jungen Airedale erwerben, welche von vornherein an Zucht und/oder Ausstellung denken. Wer derartige Ambitionen hat, darf nur einen mindestens 6 Monate alten Vierbeiner kaufen. Zwar ist der Airedale-Terrier dann noch nicht ausgewachsen, aber die vorhandenen Anlagen lassen sich wesentlich besser beurteilen.

Kauf

Alles gut bedacht? Dann kann es jetzt auf die Suche nach dem vierbeinigen Hausgenossen gehen. Sollten Sie sich für die Airedale-Terrier-Rasse *nur* aufgrund von Beschreibungen entschieden haben, wäre es sicher angebracht, vor dem endgültigen Erwerb eine größere Anzahl in natura zu sehen. Zu diesem Zweck besuchen Sie am besten zusammen mit Ihrer Familie eine Hundeausstellung, diese finden nahezu das ganze Jahr überall im Bundesgebiet statt. Die großen Internationalen Zuchtschauen werden organisiert vom Verband für das Deutsche Hundewesen e.V. (VDH), sie gehen meist über zwei Tage, und darum muß man sich vorher erkundigen, wann die Airedale-Terrier zu sehen sind. Übersichtlicher und eintägig sind die von den örtlichen Untergruppen des Klub für Terrier e.V. (KFT) durchgeführten Spezial-Terrier-Zuchtschauen. Nun kann man auf Hundeausstellungen zwar Airedale-Terrier sehen und bewundern, nur seinen Familienhund kaufen kann man nicht. Zuchtschauen sind keine Verkaufsmessen, außerdem beträgt das Mindestalter für die Teilnahme eines Hundes 6 Monate. Möglich ist jedoch die erste Kontaktaufnahme mit einem Züchter. Am Informationsstand liegen Adressen von anerkannten Airedale-Terrier-Züchtern aus. Bei der Geschäftsstelle des KFT oder über eine der örtlichen Untergruppen kann man ein Verzeichnis derjenigen Züchter anfordern, welche zur Zeit Jungtiere abzugeben haben.

Niemals sollte man sich seinen Hund so quasi im Vorübergehen aus dem Schaufenster heraus kaufen oder bei einem dubiosen Händler erwerben, letzterer nennt sich u. U. sogar Züchter, doch seine Zuchtstätte liegt, forscht man nach, unkontrollierbar im Ausland. Alle diese derart feilgebotenen Welpen müssen doch ein erstes Zuhause gehabt haben, und wer würde sich nicht dafür interessieren, wo und wie der künftige Hausgenosse die ersten Lebenswochen verbracht hat?

Ein sehr hart klingender, doch ernst zu nehmender Rat an *alle,* die meinen, einen dieser bedauernswerten jungen Hunde aus Mitleid aus dem Schaufenster oder vom geschäftstüchtigen Händler „erlösen" zu müssen: Panzern Sie Ihr Herz und bedenken Sie, daß für jeden Hund, der auf diese Weise an den Mann gebracht wird, schon der Nachschub bereitsteht. Lieferanten sind reine Vermehrungsbetriebe im In- und Ausland, in denen Hunde gewissermaßen am Fließband produziert werden wie anderenorts ein billiger Massenartikel, von vornherein zum Wegwerfen bestimmt. Ein Einhalt kann diesen gewissenlosen Machenschaften nur geboten werden, indem erstens verdächtige Massentierhaltung zur Überprüfung angezeigt und zweitens die Nachfrage gestoppt wird. Wer ein gutes Werk tun möchte, unterstütze den Tierschutzverein. Dieser hat ohnehin die Last dieser in Massen hergestellten Hunde zu tragen. Möglicherweise, aber zum Glück doch recht selten, befindet sich im örtlichen Tierheim gerade ein Airedale-Terrier, der, in unrechte Hände geraten, nun dort auf ein neues und besseres Zuhause wartet.

Ansonsten erwirbt man den eigenen Airedale direkt aus einem anerkannten und durch einen Zuchtwart überwachten Zwinger. Hier erhält man Einblick, wo und wie der heranwachsende Vierbeiner gehalten wird, lernt seine Mutter und seine Geschwister und vielleicht sogar den stolzen Papa kennen. Dem Züchter ist daran gelegen, daß seine mit viel Liebe – von der Arbeit soll gar nicht gesprochen werden – großgezogenen Welpen in das für sie richtige Heim und zu den die Airedale-Terrier verstehenden Menschen kommen. Der Züchter wird Rede und Antwort stehen bei eventuell noch auftretenden Fragen, auf seinen Rat bei der endgültigen Auswahl sollte man nicht verzichten.

Kein anerkannter Züchter hat Welpen und Junghunde jederzeit, sozusagen nach Geschlecht und Alter sortiert, vorrätig. Je nach Jahreszeit muß eventuell eine Wartezeit einkalkuliert werden. Dies nun hat nichts damit zu tun, daß Hündinnen angeblich nur im Frühjahr und dann wieder im Herbst läufig werden, diese immer wieder gehörte Behauptung stimmt nicht. Vielmehr ist es so, daß der Züchter die Zuchtbestimmungen zu beachten hat, und diese besagen, daß nicht jede Hitze ausgenutzt werden darf, um einen Wurf zu ziehen. In keinem Fall ist es ratsam, sozusagen als Sonntagsnachmittags-Überraschung beim Züchter vor der Tür zu stehen. Besser ist, man setzt sich vorher mit ihm in Verbindung und verabredet einen Termin. Nicht etwa, um Zwinger samt Hunden auf Hochglanz poliert vorzufinden, sondern um den zeitlichen Ablauf nicht durcheinanderzubringen. Hunde und im besonderen heranwachsende Welpen werden nach einem feststehenden Zeitplan gefüttert und gepflegt, haben ihre Spielzeiten und die für ein gutes Gedeihen so wichtigen Ruhepausen, und all dies wollen Sie doch nicht durcheinanderbringen? Zumal man die Kleinen beim Spiel untereinander am sichersten beurteilen kann, hier zeigen sich am ehesten die unterschiedlichen Temperamente. Der kleine, dicke Tyrann, welcher sich als Meuteführer aufspielt und seinen Geschwistern seinen Willen aufzwingen möchte, er wird eine sehr konsequente Erziehung benötigen, sonst tanzt später „seine" Familie nach seiner Pfeife. Hingegen entwickelt sich das meist weibliche, schmusige Wesen oft zu einem besonders leicht zu lenkenden, sehr anhänglichen Vierbeiner, während der überaus freche Kleine, der sich sofort über die Schnürsenkel des Besuchers hermacht und kaum davon abzubringen ist, eine seinem Tatendrang entsprechende Erziehung erhalten muß. Doch abgesehen von den verschiedenen Charakteren – hier sind lediglich drei mögliche aufgezeigt – sollten alle Kleinen einen gesunden und munteren Eindruck machen. Bei dem lediglich als Familienhund gehaltenen Airedale-Terrier kommt es nicht so sehr auf makellose Schönheit an, ganz abgesehen davon, daß man diese bei einem jungen Hund sowieso nicht mit hundertprozentiger Sicherheit voraussagen kann. Wichtig sind die Voraussetzungen für eine weitere gesunde Entwicklung. Dazu gehören unter anderem klare Äuglein, saubere Nase und kein unangenehmer Geruch aus dem Rachen oder gar aus den Ohren. Die Po-Umgebung darf nicht verschmutzt oder verklebt sein; vielleicht sieht man bei der Beobachtung der spielenden Welpen einen davon ein Häufchen drücken. Vorsicht ist immer angebracht, sollte dies dünn, schleimig, übelriechend sein. Kein gutes Zeichen ist es, wenn das Bäuchlein stark aufgetrieben oder der Rücken hochgezogen ist. Die Knochen der Vorderbeine müssen gerade und kräftig sein und die Pfoten gut geschlossen. Übrigens, aus der Größe der Pfoten kann man recht verläßlich schließen, wie groß der erwachsene Hund sein kann, denn Abweichungen über oder unter das im Rassestandard angestrebte Richtmaß sind immer mal möglich. Die hinteren Beine, der Fachmann spricht hier von der Hinterhand, müssen einen stabilen Eindruck erwecken.

Die im Welpenalter von drei Tagen kupierte Rute mag manchen beim jungen Airedale-Terrier überlang erscheinen, besonders wenn sich der Interessent an Airedale-Terrier von vor 20 bis 30 Jahren erinnert. Aber abgesehen davon, daß man heute länger kupiert, d.h. mehr dran läßt, die Rute wächst ja nicht in dem Maße in die Länge wie der Vierbeiner in die Höhe. Hinsichtlich Haar und Farbe gibt es ebenfalls oft große Varianten in einem Wurf. Hier eine verläßliche Aussage für die Zukunft zu machen fällt oft sogar dem Kenner schwer, denn dies ist abhängig von vielen Faktoren in der weiteren Haltung und Pflege und vielfach sogar vom Klima. Die fast oder völlig glattbehaarten Kleinen — gegenüber den Geschwistern wirken sie optisch schlanker, eleganter, hochbeiniger — werden meist später am wenigsten Arbeit bei der Haarpflege machen. Allerdings wachsen bei ihnen die für eine Ausstellung so sehr erwünschten Bart- und Beinhaare selten üppig. Das andere Extrem, die Puschel, sehen besonders als Welpen so richtig zum Knuddeln aus. Fürs Auge wirken sie stabiler, kompakter, und man muß schon seine Hände — vorsichtig — zu Hilfe nehmen, um zu fühlen, was sich an Knochenstärke unter dem Haar verbirgt. Diese wie „Knopf im Ohr" ausschauenden Welpen werden jedoch oft ihr Leben lang eine Menge Zeit bei einer sachgemäßen Haarpflege benötigen. Eine für kurzhaarige oder kürzer behaarte Rassen oft gegebene Empfehlung, daß man beim Junghund vom Haarkleid auf seinen Gesundheitszustand schließen kann, läßt sich beim Airedale-Terrier nur bedingt anwenden. Es hängt nämlich sehr von der Jahreszeit ab, wann das sogenannte Babyhaar abgestoßen wird. Geschieht dies frühzeitig, schaut der junge Airedale-Terrier in der Übergangsphase recht struppig aus, und das abgestorbene resp. absterbende Haar verliert seinen Glanz. Doch darunter sollte das nachwachsende Haar fest und gesund zu fühlen sein, und die Haut muß sauber und frei sein von Schorf oder Ausschlag. Kleine Hautverletzungen passieren schon mal beim Gerangel der Welpen untereinander, doch sollten diese, wenn man den Welpen übernimmt, im Abheilen sein. Auch die Farbintensität der späteren tan-Farbe (lohfarben) läßt sich beim Junghund äußerst schwer beurteilen, zumal Airedale-Terrier bei der Geburt nahezu vollständig schwarz sind und erst so langsam nach und nach durchfärben, wie der Fachmann es nennt. Keine Regel ohne Ausnahme, doch meist werden die Puschel recht hell im tan, während die glatter behaarten bis hin zu den fast glattbehaarten eine kräftige tan-Farbe bekommen. Doch hängt die Farbintensität genau wie die sonstige Haarbeschaffenheit ab von der weiteren Pflege und Haltung sowie vom Klima. Im Zusammenhang mit der Farbe noch ein kleiner Hinweis: Der bei vielen jungen Airedale-Terriern vorhandene schmale weiße Streifen an der Vorbrust verwächst mit der Zeit völlig, hingegen ein großer weißer Latz und viel Weiß an den Pfoten nie. Bei einem nur als Familienhund gedachten Vierbeiner ist dieser kleine Schönheitsfehler unerheblich, nur muß man sich beim Erwerb darüber klar sein, daß dies z. B. auf Ausstellungen als Manko bewertet wird.

Der zuständige KFT-Zuchtwart besichtigt die Welpen letztmalig, wenn diese etwas älter als 6 Wochen sind. Jeder bekommt seine Zuchtbuchnummer im Ohr markiert, d. h., sie werden tätowiert. Diese Maßnahme ist aus zweierlei Gründen sinnvoll; Verwechslungen sind ausgeschlossen und, besonders heutzutage wichtig, auch ein Diebstahl und Weiterverkauf an Versuchstieranstalten ist kaum möglich. Tätowierte Hunde werden in der Regel von diesen Laboratorien nicht angekauft.

Erst nachdem die Prozedur der Tätowierung erfolgt ist, kann der Züchter die Eintragung des Wurfes und Ausstellung der Ahnentafeln für die Welpen beantragen. Dies ist der Grund, warum die Ahnentafel selten schon beim Kauf des mindestens 8 Wochen alten Junghundes vorliegt, die *Ahnentafel* gehört jedoch immer zum Hund und muß vom Züchter kostenlos dem Käufer übergeben werden. Kommen Ihnen irgendwie Zweifel in dieser Beziehung, lassen Sie sich die Anschrift des Zuchtwarts geben und ziehen dort Erkundigungen ein. Jeder anständige Züchter wird für eine derartige Rückversicherung Verständnis aufbringen, weiß er doch nur zu gut, wie viele „Stammbäume" es gibt, die das Papier nicht wert sind, auf dem sie geschrieben stehen.

Ebenfalls zum Hund gehört der *Impfpaß*, ausgestellt von dem Tierarzt, welcher – noch beim Züchter – die ersten Schutzimpfungen gegen Staupe, Leptospirose, Hepatitis und die gefürchtete Parvovirose durchgeführt hat. Aus diesem Impfpaß ersehen Sie den Termin der nächstfälligen Impfung, den Sie unbedingt einhalten sollten. In diesen Impfpaß wird später auch die Tollwut-Schutzimpfung eingetragen.

Entschließen Sie sich, einen Airedale-Terrier aus einem weiter entfernten Zwinger von einem Ihnen unbekannten Züchter zu erwerben, sind vorherige Erkundigungen immer angebracht. Besonders natürlich, wenn Ihnen ein persönliches Abholen unmöglich erscheint. Haben Sie aber auch Verständnis dafür, wenn eben dieser Züchter auch von Ihnen Sicherheiten verlangt. Allerdings lehnen es viele Züchter grundsätzlich ab, Welpen an ihnen unbekannte Käufer zu schicken, und genaugenommen sind die heutigen Verkehrsbedingungen so gut, daß ein mit vielen Risiken verbundener Versand nicht notwendig ist.

Für welchen Welpen aus welcher Zucht auch immer Sie sich entscheiden, erwer-

Abb. 10. Drei junge Airedale. (Foto: E.-M. Krämer)

ben Sie ihn *nur* dort, wo Ihnen alles Drum und Dran zusagt. Zudem müssen Sie absolutes Vertrauen hinsichtlich der vom Züchter gegebenen Empfehlungen bei der Auswahl haben. Nicht immer besteht die Möglichkeit, aus der vollen Anzahl der aus einem Wurf großgezogenen Welpen sich seinen Hausgefährten auszusuchen, denn für Nachwuchs aus den sehr erfolgreichen Zuchten liegen oft Vorbestellungen vor. Oder aber Sie kommen erst dann zum Züchter, wenn die zum Verkauf stehenden Junghunde etwas älter als 8 Wochen sind und die ersten schon ins neue Zuhause abgeholt wurden. Dies bedeutet aber nun nicht, daß die verbliebenen Junghunde von minderer Qualität sein müssen. Nur dürfen Sie selber nie das Gefühl haben, zum Kauf überredet worden zu sein. Der kleinste Zweifel später, beginnend mit ,,hätte ich nicht doch besser...'', wächst sich sonst mit der Zeit zu einem großen Selbstvorwurf aus. Und seien Sie versichert, *Ihr* Airedale-Terrier würde es spüren, würde es fühlen, dieses Mißtrauen. Es wäre keine gute Grundlage für ein vertrauensvolles Zusammenleben.

Fällt der Zeitpunkt Ihrer Auswahl beim Züchter vor das Mindest-Abgabealter der Welpen, so legen Sie den Zeitpunkt mit Uhrzeit schriftlich fest, wann genau Sie Ihren Airedale-Terrier abholen werden, und hinterlassen Sie eine Anzahlung. Die Ratschläge des Züchters, die weitere Aufzucht betreffend, lassen Sie sich mitgeben. Tauchen dann noch Fragen auf, können diese geklärt werden, bevor Ihr junger Airedale-Terrier in sein neues Zuhause tappt.

Vorbereitungen zu Hause

Sicherlich haben Sie bestimmte Vorstellungen, wie Ihr Airedale heißen soll, wie Sie ihn rufen wollen. Auch hier in diesem Band soll bei allen weiteren Ratschlägen nicht mehr unpersönlich vom Airedale-Terrier die Rede sein. Er wird von nun an „Terry" heißen, dieser Name paßt zur Rasse und für Rüde und Hündin gleichermaßen.

Zu den Dingen, die geklärt sein sollten, *bevor* Ihr Terry ins Haus kommt, gehört der Platz und die Art seines Lagers. Als Ort eignet sich eine ruhige und nicht ständigem Zug ausgesetzte Ecke in der Diele, auch unter einer in die oberen Stockwerke führenden Treppe findet sich oft Platz. Eine Art Kastenbett, geringfügig hochgestellt, so daß eine Luftzirkulation unter dem Lager möglich ist, schützt sowohl gegen die vom Fußboden aufsteigende Kälte wie auch gegen übermäßige Aufheizung bei eventuell vorhandener Fußbodenheizung. Die Innenmaße sollten es Terry erlauben, sich in seinem Bett bequem lang ausgestreckt auf die Seite legen zu können. Als Einlage eignet sich eine feste, mit einem auswechselbaren Bezug versehene Matratze und darüber hinaus lose liegend ein ausrangiertes Handtuch oder dergleichen. Alle Hunde scharren sich ihr Lager gerne selbst zurecht. So ein lose liegendes Tuch kommt diesem Urinstinkt entgegen. Ist Terry jedoch noch sehr jung, ist es angebracht, daß sein Lager mit ihm wächst. Aus festem Karton läßt sich leicht ein Provisorium basteln, nahezu jeder Kaufmann überläßt seinem Kunden gerne derartiges Leergut. Vorhandene Metallklammern müssen entfernt werden, denn besonders im Zahnwechsel nagt der heranwachsende Terry auch schon mal an den Ecken und Kanten seines Lagers, die Verletzungsgefahr ist dann zu groß. Wird so ein selbstgebautes Provisorium zu klein oder verschmutzt, ist es leicht und schnell zu ersetzen, bis Terry, ausgewachsen, dann sein endgültiges Bett erhalten kann. Auch im Wohnraum, wo sich die Familie aufhält, sollte für Terry ein Platz geschaffen werden für die Zeit, in der er sich im Kreis der Familie aufhält oder aufhalten darf. Hier genügen ein paar zusammenge-

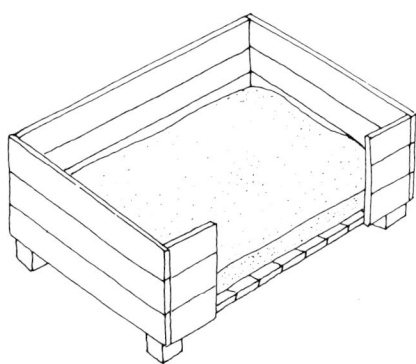

Abb. 11. Die Liegestatt für größere Terrier besteht aus einem Rost mit drei höheren Seitenwänden und einer Matratze.

legte Decken in einem auswechselbaren Bezug.

Da gerade von der für Terry geeigneten Liegestatt gesprochen wurde, ein Erziehungshinweis: Betten müssen für Terry absolut tabu sein, Sessel oder Sofa sollten es sein. Die Neigung aller Hunde, genüßlich durch das Bett von Herrchen und Frauchen zu kriechen und sich dort tief einzukuscheln, hat als Ursache, daß gerade hier der Körpergeruch des geliebten Menschen sehr intensiv ist, der Vierbeiner sucht im Bett also weder die Wärme noch die weichen Kissen! Ähnliches gilt für das Liegen auf Polstermöbeln, und Sie müssen sich entschließen, ob Sie letzteres dulden wollen. Wenn *ja,* so weisen Sie Ihrem Terry einen Sessel oder eine Sofaecke zu. Sie können ihn durchaus dazu erziehen, daß er aber nur dann dort liegen darf, wenn vorher eine Decke darauf ausgebreitet worden ist. Wenn *nein,* so dulden Sie es vom ersten Tag an nicht. Und sollten Sie Terry dabei erwischen, daß er in Ihrer Abwesenheit doch dieses strikte Verbot überschritten hat, so ist dies zwar verzeihlich, denn er hat einfach Heimweh gehabt und – im übertragenen Sinn – Ihnen Ihren Sessel warm gehalten, aber Gegenmaßnahmen sind erforderlich. Eine mögliche wäre, daß Sie im bewußten Sessel etwas aufbauen, was bei Terrys Hinaufklettern dann zusammenfällt. So ein kleiner Schreck kann heilsam sein. Sicherer wäre natürlich, Terry käme gar nicht erst in Versuchung, d. h. bis er Anstand gelernt hat, erhält er in Ihrer Abwesenheit einen Raum zugewiesen, wo er nichts anstellen kann. Sehr passend, und dies nicht nur für den jungen Terry, wäre ein Gartenauslauf aus verstellbaren Gitterwänden, keinesfalls quadratisch, sondern rechteckig. An einem teilweise schattigen Platz im Garten ist er leicht aufgebaut und sollte ca. jedes halbe Jahr versetzt werden. Um ein Ausbuddeln zu verhindern, sollten die Gitterwände auf oder zwischen Fußwegplatten aufgestellt werden; auch Airedale sind Terrier, sie graben sehr gerne! Als Inneneinrichtung käme ein einfacher Holzrost zum Draufliegen oder noch besser ein schlichter Unterschlupf, eine Art Hütte in Frage, immer ein Napf für frisches Wasser und ein Ball oder sonstiges Spielzeug zur Beschäftigung. So ideal auch so ein Gartenauslauf ist, er darf keinesfalls ein Daueraufenthalt für den Vierbeiner werden und ist niemals ein Ersatz für täglich notwendige Spaziergänge. Daß dieser Aufenthaltsraum Terry an der frischen Luft vor mancherlei Gefahren im Garten schützt – z. B. dem Swimmingpool – andererseits die Vegetation im Garten sicherlich besser gedeiht, wenn der Vierbeiner nicht überall drauftritt, leuchtet sicher jedem ein. Geruchsbelästigungen sind durch tägliche Säuberung und das schon erwähnte Umsetzen des Auslaufes durchaus in Grenzen zu halten. Als Futter- und Trinknapf empfehlen sich Gefäße aus Aluminium, diese sind auf Dauer wesentlich leichter sauberzuhalten. Zudem lehnen viele Hunde aus Kunststoff gefertigte Näpfe ab, es stört sie der Geruch. Haben Sie geschickte Hände, dürfte es Ihnen nicht schwerfallen, für diese Näpfe ein Gestell zu bauen, denn es ist wichtig, daß sowohl Trink- wie Futternapf immer so hoch stehen, daß Terry aufrechtstehend heranreicht. Ansonsten hält der Fachhandel in der Höhe verstellbare Futternapfständer bereit.

Beim Einzug von Terry sollte auch schon Spielzeug für ihn bereitliegen. Zum Beispiel ein Ball, der so groß ist, daß er ihn *nicht* verschlucken kann, jedoch nicht aus Hartgummi oder sehr dünnwandigem Kunststoff. Spielzeug mit eingeschlossener Quietsche oder ähnlichem verleiten den jungen Vierbeiner nur dazu, der Sache auf den Grund zu gehen, und dabei wird dann so manch unverdauliches und später schwer im Magen liegendes Stück Hartgummi oder Kunststoff verschluckt. Empfehlenswert sind alle aus Büffelhaut hergestellten Dinge, nur muß eben auch hier auf die Größe geachtet werden. Herumnagen, durchkauen, abknabbern, all dies ist bei Büffelhautsachen nicht gefährlich, fatal würde es nur, wenn's im Ganzen heruntergeschluckt würde. Auch ein Apfel oder eine große, rohe Möhre aus dem Haushalt wird meist gerne angenommen und ist für ihn unschädlich. Ein zusammengeknoteter alter Lappen – kein Kunststoff!!! – lenkt von Teppichecken und -fransen ab. Völlig ungeeignet sind alte, abgelegte Schuhe oder Socken als Spielzeug. Für den jungen Terry ist Schuh gleich Schuh, er kennt keinen Unterschied zwischen alt und noch tragbar, und derartiges ,,Spielzeug'' erschwert unnötig die Erziehung. Ein junger Hund sorgt ohnehin im Haushalt für Ordnung, denn für ihn ist alles, was herumliegt, zunächst seine Beute. Also heißt es Obacht geben, bis Terry kapiert hat, welche Dinge für ihn bestimmt und welche tabu sind. Hier sei an die Schreckminute von Müttern erinnert: ,,die Kinder sind so ruhig, *was* stellen sie nun nur wieder an''. Ähnliches gilt im übertragenen Sinn beim Heranwachsen eines Vierbeiners.

Halsband und Leine müssen besorgt und sollten mitgenommen werden, wenn Terry beim Züchter abgeholt wird. Besonders bei der ersten Garnitur ist beim Kauf darauf zu achten, daß diese Sachen zwar stabil, aber doch leicht sind, die Gewöhnung daran fällt dann nicht so schwer. Zwar wird der junge Terry kaum gelernt haben, mit Halsband an der Leine zu laufen, trotzdem sollte er bei der Heimfahrt beides tragen. Sofern Sie die Schlaufe der Leine sicher festhalten, kann er Ihnen nicht entwischen, sollte er sich aus den ihn haltenden Armen freistrampeln oder gar beim Halt des Wagens versuchen, aus der Autotür zu springen.

Und bevor Sie endgültig den Tag festlegen, an welchem Sie Terry abholen wollen, schauen Sie noch rasch in den Kalender. So sehr ein junger Hund unter dem Christbaum oder als Osterhasen-Ersatz im Nest jedes Kinderherz höher schlagen läßt, diese und vergleichbare Festtage mit viel Trubel im Haus sind nicht geeignet als Zeitpunkt der Um- und Eingewöhnung eines jungen Hundes. Viel rascher und mit weit weniger Komplikationen wird sich Terry bei Ihnen einleben, wenn Sie sich ihm in seinen ersten Tagen voll widmen können, wenn er unter Ihrer Aufsicht sein neues Zuhause gründlich erschnüffeln kann. Auch Besichtigungs-Besuche von Freunden und Nachbarn sollten so lange unterbleiben, bis Sie sicher sind, daß sich Terry eingelebt hat. Ihn sozusagen in Watte zu packen ist nicht notwendig, doch sollten Sie Verständnis und Geduld haben für den jungen Hund, der die Trennung von Mutter und Geschwistern und die neue Umgebung erst verkraften muß. Vielleicht ist es ganz natürlich, wenn Sie sich selbst einmal zu dem Kleinen hinabhocken und dabei feststellen, wie bedrohlich doch so manches aus seiner Warte aussieht. Und wenn Sie sich dann noch in etwa vorzustellen vermögen, daß der junge Hund dies alles ja nicht nur sieht, sondern auch noch fremde Gerüche und Geräusche auf ihn einwirken, haben Sie einen großen Schritt in Richtung ,,Verstehe Deinen Hund'' gemacht.

Eingewöhnung und Erziehung

Der große Tag ist angebrochen, Terry soll nun seinen Einzug halten, und alles ist dafür vorbereitet. Günstig ist es, wenn Sie den jungen Airedale so früh wie möglich vom Züchter abholen. So liegt ein langer Tag vor Ihnen, und Terry kann unter Ihrer Aufsicht seine neue Umgebung erschnüffeln und wird sich ermüdet von all den Eindrücken in der ersten Nacht fernab von Mutter und Geschwistern nicht so einsam fühlen. Den ersten Erziehungsversuch, um mehr kann es in den ersten Tagen sowieso nicht gehen, unternehmen Sie, wenn Sie zusammen mit Terry *vor* Ihrer Haustür angelangt sind. Ganz sicher hat der junge Vierbeiner das Bedürfnis, zumindest seine Blase zu entleeren. Im sicher umzäunten Garten — nur eine Hecke drum herum wäre zu riskant — oder im empfohlenen Gartenauslauf darf Terry frei laufen. Täuschen Sie sich nicht, so ein kleiner tolpatschiger Airedale kann ungeheuer flink sein. Terry muß also unbedingt an der Leine gehalten werden, wenn Sie in der Nähe Ihrer Wohnung ein ruhiges Fleckchen Erde oder Rasen aufsuchen, damit sich der junge Hund erleichtern kann. Ist „es" passiert, loben Sie Terry sehr. Führen Sie ihn in der ersten Zeit zu diesem Zweck immer an denselben Ort. Erwarten Sie nicht, daß Terry bereits Treppen laufen kann. Und es ist gut so, denn die Stufen sind für einen jungen Vierbeiner viel zu hoch, er würde sich sehr strecken müssen. Dies könnte bei dem noch weichen Knochengerüst und der gleichfalls nicht gefestigten Muskulatur zu Schäden führen, deren Folgen erst später ersichtlich sind. *Mal* zwei bis drei Stufen hinauf- oder herunterzulaufen, das wird Terry bald lernen, und es schadet auch nicht sehr. Über Treppen jedoch sollten Sie Terry tragen, solange Sie's eben können. Wohnen Sie in einem zweigeschossigen Haus, unterbinden Sie — notfalls mit einer provisorisch angebrachten kleinen Tür —, daß Terry Ihnen den ganzen Tag über sozusagen auf Schritt und Tritt folgt. Allzu viele Besitzer eines jungen Hundes sind ungeheuer stolz darauf, wenn dieser ihnen an den Fersen klebt, und übersehen dabei, wie viel körperlicher Schaden entstehen kann, wenn diese Anhänglichkeit mit Treppenklettern verbunden ist. Hier zwei sehr wichtige Hinweise: Rolltreppen und Rollstraßen dürfen *niemals* von Vierbeinern betreten werden, und Terry *muß,* sofern Sie zusammen mit ihm einen Aufzug benutzen wollen, den Fahrstuhl immer zuerst betreten. Schließt sich die Fahrstuhltür zwischen Ihnen und dem angeleinten Terry, so können Sie, draußen stehend, leicht die Leine loslassen, und es passiert weiter nichts. Umgekehrt würde es ein Unglück geben. Hat Terry die Schwelle seines neuen Zuhause überschritten, lassen Sie ihm Zeit, sich zurechtzufinden, jedes hektische Getue ist zu vermeiden. Zeigen Sie ihm, wo sich seine Futterschüssel und der Trinknapf befinden, und bieten Sie ihm eine kleine Mahlzeit an. Sprechen Sie viel mit ihm, auch wenn er den Satzinhalt nicht erfaßt. Klang und Ton sollen ruhig und gelassen sein, desto eher wird Terry Zutrauen zu Ihnen fassen. Und sprechen Sie leise, Hunde können sehr gut hören, eine Stimmerhebung alleine sollte schon die erste Stufe zum Tadel sein und bleiben. Zugegeben, auch der sogenannte Kasernenhofton ist, besonders später im Rüpelalter, nicht völlig zu umgehen. Aber dies sollte doch die Ausnahme sein und nicht zur Regel werden – durch ständige Lautstärke stumpft Terry ab.

Sehen Sie, daß sich Terry müde nach einem Schlafplatz umsieht, führen Sie ihn zu dem vorbereiteten Lager und bedeuten ihm, daß dies der Ort ist, wo er ungestört ausruhen und schlafen kann. Junge Hunde müssen ähnlich Kleinkindern viel und oft schlafen, Sie müssen dies auch Ihren Kindern erklären. Merken Sie sich, daß man niemals einen schlafenden Hund abrupt aufwecken oder aufstören darf. Soll er aufwachen, muß er möglichst mit Namen angesprochen werden, bevor man ihn anfaßt! Sie werden später wünschen, daß sich Terry nach Aufforderung in sein Lager zurückzieht. Diese Liegestatt muß also eine Bezeichnung erhalten, wie genau Sie sie bezeichnen, bleibt Ihnen überlassen. Nur vermeiden Sie besser das Wort „Platz". In der weiteren Erziehung oder sogar Ausbildung ist es der Befehl an Terry, da, wo er gerade steht, sich *sofort* niederzulegen.

Stubenreinheit

Vordringlichstes Problem ist, daß Terry möglichst rasch begreift, wohin Pfütze und Häufchen gehören. Nun löst sich jeder junge Hund immer sofort nach dem Erwachen und kurze Zeit nachdem er gefuttert oder getrunken hat. Das „sofort nach dem Wachwerden" bedeutet u. a., daß derjenige aus der Familie, der morgens als erster aufwacht und aufsteht und damit auch den Terry weckt, diesen augenblicklich aufnimmt und ihn dorthin setzt, wo „es" passieren soll. „Nach der Mahlzeit" ist es einfacher, denn Sie werden sowieso beobachtend dabeistehen, wenn er sein Futter bekommen hat. Kein kleiner Vierbeiner kann tagsüber Blase und Darm absolut kontrollieren, aber wenn Sie sich in den ersten Tagen viel Zeit nehmen und Terry unter Aufsicht halten, wird er bald begreifen, daß Pfütze-machen und Häufchen-drücken nicht überall in der Wohnung erlaubt ist. Übrigens, auch Rüden hocken sich beim Pfütze-machen in den ersten Monaten ihres Lebens genauso hin wie Hündinnen ihr ganzes Leben, das Beinchenheben kommt erst später. Bemerken Sie also, daß Terry mit tiefer Nase am Boden herumsucht und eine möglichst weiche Stelle aufsucht, nehmen Sie ihn hoch und setzen Sie ihn dort nieder, wo „es" erwünscht ist. Hat er sich dort entleert, loben Sie ihn sehr. Bald wird er in der Wohnung durch Winseln oder an der bewußten, nach draußen führenden Tür kratzend anzeigen, daß „es" wieder soweit ist. Und ist das Malheur doch einmal im Spiel drinnen geschehen, so schelten Sie sich selber und nicht den Terry und beseitigen Sie den entsprechenden Fleck mit einem in stark riechender Desinfektionslösung ausgedrückten Wischtuch. Einleuchtend, daß Gartenbesitzer bei der Erziehung zur Stubenreinheit einen großen Vorteil

Abb. 12. Zwei lammfromme Terrier. (Foto: E.-M. Krämer)

haben. Wohnungsinhabern ist die Zeitungspapier-Methode anzuraten. Da viele Züchter den ersten Auslauf der kleinen Welpen mit Zeitungspapier auslegen, ist Terry möglicherweise daran gewöhnt und betrachtet die in der Wohnung, etwa im gefliesten Badezimmer, ausgelegten Zeitungen als Toilette. Auch eine mit einer für Terry sicheren Brüstung versehene Terrasse oder ein Balkon kann für Wohnungsbewohner eine Notlösung sein, wichtig ist, daß Nachbarn sich nicht belästigt fühlen. An Halsband und Leine sollte Terry rasch gewöhnt werden, was besonders bei der Erziehung zur Stubenreinheit notwendig ist. Mit dem Halsband versöhnt sich Terry bald, etwas schwieriger wird die Gewöhnung an die daran befestigte Leine und vor allem daran, daß er damit dann auch noch dahin gehen muß, wohin er geführt wird. Keinesfalls sollten Sie ihn an der Leine zu sich heranziehen. Gehen Sie in die Hocke und locken ihn heran, loben und streicheln Sie ihn, wenn er brav folgt. In den ersten Tagen können Sie ihn, soweit es der Straßenverkehr erlaubt, durchaus an der Leine dorthin laufen lassen, wohin es ihn zieht. Aber bald muß Terry als noch recht junger Vierbeiner lernen, daß es nicht gestattet ist, in der Leine hängend Sie dorthin zu ziehen, wohin er gehen möchte. Jedesmal, wenn er mit aller Kraft nach vorn zieht, reagieren Sie mit einem kurzen Ruck an der Leine, klopfen an Ihre linke Seite, geben den Befehl ,,Fuß", loben Terry und sprechen mit ihm, sobald er freudig an durchhängender Leine neben Ihnen herläuft. Wenn dieses Bei-Fuß-Gehen zunächst auch nicht so klappt, wie man es exakt ausgeführt bei Gehorsamsdemonstrationen oft sieht, wesentlich ist, daß Terry sich dies lästige Nachvornziehen an der Leine gar nicht erst angewöhnt. Sofern Sie Terry für sein Geschäft auf oder an die Straße führen, achten Sie darauf, daß er sich nur am Fahrbahnrand löst. Abgesehen davon, daß viele Städte inzwischen recht hohe Geldstrafen verhängen, sofern ein Vierbeiner auf dem Bürgersteig sein Häufchen hinterläßt, ist es wirklich nicht angenehm, in eine derartige Hinterlassenschaft zu treten. Alle Hunde können durchaus lernen und tun dies auch sehr rasch, *wohin* sie ihr Häufchen setzen dürfen. Menschen sind da viel gedankenloser, die lassen ihren Abfall trotz aller Appelle immer noch meist da fallen, wo sie gerade stehen, obwohl ein Papierkorb nur wenige Schritte daneben steht.

Herkommen auf Ruf

Nach diesen zwei Lektionen in der Grunderziehung folgt als dritte die Übung des Gehorchens auf den Ruf ,,Terry, hierher". Seinen Namen dürfte Terry inzwischen kennen, jetzt kommt es darauf an, daß er auf den Ruf seines Namens in Verbindung mit ,,Hierher" freudig zu Ihnen kommt. Den ersten Grundstein dazu können Sie legen, wenn Sie Terry immer so ansprechen, sobald Sie merken, er will sowieso zu Ihnen

gelaufen kommen. Folgt er diesem Ruf, wird er sehr gelobt, sobald er bei Ihnen angekommen ist. Mit einer recht langen, dünnen, am Halsband befestigten Schnur wird er angelernt, dem ,,Hierher" auf jeden Fall zu folgen. Zunächst lassen Sie ihn mit dieser Schnur z. B. im Garten frei herumlaufen, rufen ihn dann an und ziehen ihn, sofern er auf den Ruf nicht reagiert, lobend mit ihm sprechend und den Ruf wiederholend an der Schnur zu sich heran. Dabei müssen Sie selbstverständlich behutsam vorgehen, Terry darf bei dieser Übung niemals verstört werden und muß unter allen Umständen *immer,* egal wie lange es gedauert hat, zu Ihnen zu kommen, gelobt werden. Draußen in der freien Natur, an einem ruhigen Ort ohne viel Ablenkung, üben Sie dann weiter, indem Sie die Schnur nun z. B. durch ein Stück Wäscheleine ersetzen. Frei laufen lassen dürfen Sie Terry erst und dies sowieso nur dort, wo kein oder sehr wenig Verkehr ist, wenn Sie sich seiner absolut sicher sind. Will Terry, frei laufend, Ihrem ,,Hierher"-Ruf nicht sofort folgen, gehen Sie in die Hocke, dies hilft fast immer, ist es doch auch die Stellung, in der Sie mit ihm spielen. Wesentlich bei dieser Übung ist, daß Terry immer — auch wenn Ihre Geduld nahezu erschöpft ist — gelobt wird, wenn er zu Ihnen herangekommen ist, es darf nicht zu der Verknüpfung kommen, zu Ihnen zurückzukehren wird mit einem Tadel bestraft. Also lieber etwas länger an der langen Leine üben und so Terry erst gar nicht merken lassen, daß es auch anders geht. Im Straßenverkehr gehört auch der folgsamste Vierbeiner *immer* an die Leine. Hunde sind wie Kinder unberechenbar und geraten so sehr leicht unter die Räder.

Lob und Tadel

Vorrangig in der Eingewöhnungszeit ist, daß Terry Zutrauen bekommt und seine Stellung in der Familie akzeptiert. Je besser Sie es verstehen, sein Vertrauen zu gewinnen und ihn jedesmal mit viel Lob spüren lassen, wenn er etwas Erwünschtes getan hat, um so eher werden Sie einen Terry haben, dem das Gehorchen Freude macht. Versuchen Sie daher umzudenken, anstatt nur den Mund zu einem Tadel zu öffnen, wenn mal wieder etwas Unerwünschtes vorkam — und es gibt so vieles, was ein junger Terry aus Unerfahrenheit falsch machen wird. Sprechen Sie viel mit ihm und loben Sie ihn, wenn sein Verhalten Ihren Vorstellungen entspricht. Airedale wollen gehorchen, wollen mit ihrem Betragen Freude beim Hundehalter erwecken und können, wenn Sie es richtig anpacken, mehr mit Lob denn mit Tadel erzogen werden. Nutzen Sie bei der Erziehung die Modulation Ihrer Stimme, Lob wird immer hell und hoch gesprochen, Tadel barsch und dunkler. Befehle, die exakt ausgeführt werden sollen wie z. B. ,,Fuß", ,,Sitz", ,,Platz", müssen kurz und klar und für die jeweilige Übung immer gleichlautend gegeben werden, um so eher lernt Terry bei der jeweiligen Lektion, was gefordert wird. Hunde können nicht rückbezüglich denken, daher wird Terry Lob oder Tadel immer auf sein augenblickliches Tun beziehen. Die strafenden Worte wie ,,Nein" und ,,Pfui" müssen der unerwünschten Tat auf den Fuß folgen; wenn Terry bei einer später erfolgenden Schelte trotzdem ein schuldhaftes Gebaren an den Tag legt, so lediglich deshalb, weil er zwar dem Tonfall entnimmt, daß er etwas Verbotenes, nicht Erwünschtes getan hat, er wird jedoch nicht wissen, was dies war. Und noch eines, wenn hier wiederholt von der tadelnden Stimme geschrieben steht, so ist dies wortwörtlich zu nehmen. Wer glaubt, seinen Vierbeiner mit Schlägen erziehen zu müssen, taugt absolut nicht zum Hundehalter. Genügend Verständnis Ihrerseits vorausgesetzt, wird Terry schon in der Eingewöhnungszeit spielerisch so manches lernen, ohne daß es großer Anstrengungen bedarf.

Erziehung auf dem Übungsplatz

Es gibt in der Erziehung keine starre Regel und kein Erfolgsrezept, es wäre also anzuraten, daß Sie die weitere Erziehung unter fachmännischer Anleitung durchführen. Erkunden Sie, ob die Ihrem Wohnort am nächsten gelegene Untergruppe des KFT einen eigenen Übungsplatz unterhält. Ist dies nicht der Fall, wird man Ihnen aber sicherlich raten können, wo die nächste Möglichkeit besteht. Die wäre z. B. ein allgemeiner Hundesportverein, auf dessen Übungsplatz sich verschiedene Rassen treffen. Hier besteht die berechtigte Aussicht, daß der verantwortliche Übungsleiter auch die Mentalität, den Charakter der Airedale kennt. Denn wenn auch im Endeffekt jeder Vierbeiner, gleich welcher Rasse, sich z. B. bei ,,Sitz" setzt, auf dem Weg dorthin, d. h. also in der Ausbildung, sind rassespezifische Charaktermerkmale zu beachten. Stören Sie sich nicht an den z. T. antiquierten Namen dieser Hundesportvereine. Es sind dies, z. B. Polizeihund-Verein, lediglich Traditionsnamen, und wenn vielerorts der Übungsplatz althergebracht Dressurplatz heißt, so hat auch dies nichts zu bedeuten. Die Verhaltensforschung hat vor den verantwortlichen Übungsleitern nicht haltgemacht, die neuesten Erkenntnisse auf diesem Gebiet werden ihnen in Kursen laufend nahegebracht. Selbst wenn Terry aufgrund seiner Jugend noch nicht am regulären Übungsbetrieb teilnehmen kann, so kommt er doch unter seinesgleichen und lernt zumindest, sich gegenüber Artgenossen friedlich zu verhalten. Sollte auf dem Übungsplatz, den Sie zusammen mit Terry aufsuchen, ein aggressiver Vierbeiner sein, so halten Sie Terry fern von diesem, denn schlechte Beispiele verderben gute Sitten. Und noch ein unbedingt zu befolgender Rat: Zügeln Sie Ihren Ehrgeiz, lassen Sie sich auch durch Frotzeleien nicht dazu verleiten, von Ihrem Terry mehr zu verlangen, als er aufgrund seines Alters zu geben imstande ist. Beachten Sie unbedingt, daß Airedale spätreife Hunde sind, haben Sie Verständnis für seinen Spieltrieb, nur so wird aus Ihnen und Terry „ein Herz und eine Seele". Grundlage aller Erziehung und eventuell späterer prüfungsreifer Ausbildung ist die absolute Disziplin, in der Fachsprache Unterordnung genannt. Sie wissen aus der Charakterbeschreibung, daß ein Airedale niemals kriecherisch gehorchen wird, sondern freudig und auf ein Lob bedacht seinem Herrn oder seinem Frauchen folgt. Nutzen Sie diese Freude am Gehorchen bei Terry entsprechend aus, Sie werden einen Terry erziehen, der, bildlich gesprochen, für eine Anerkennung aus Ihrem Mund, für ein Streicheln „durchs Feuer geht".

Es ist unmöglich, im Rahmen dieses Bandes auch nur annähernd auf alle bei der Erziehung zu beachtenden Punkte einzugehen, darüber gibt es ausreichend Fachliteratur. Aber auf eines soll doch noch hingewiesen werden: Terry wird so selbstsicher und, wenn man es mal so ausdrücken darf, nervlich gefestigt sein, wie Sie es ihm vorleben. Achten Sie einmal selbst darauf, nervöse Menschen haben meist nervös reagierende Hunde, Vierbeiner von mit Minderwertigkeitsgefühlen behafteten Leuten sind oft sehr aggressiv, und die Ängstlichkeit der Besitzer wird ebenso auf den Hund übertragen. Es liegt weitgehend an Ihnen, *was* aus Ihrem Terry wird, als sehr junger Airedale ist er ein nahezu unbeschriebenes Blatt. Es gilt, den Airedale mit dem überschäumenden Temperament zu zügeln, den schüchternen zu ermuntern und dem vor einem plötzlichen Geräusch zurückschreckenden jungen Airedale Gelassenheit zu vermitteln. Es liegt in Ihrer Hand, wie sich Ihr Terry charakterlich entwickelt. Der bestveranlagte junge Airedale kann durch Fehler in der Erziehung und Haltung restlos verdorben werden, während bei auf die vorhandene Mentalität eingehender Aufzucht aus einem Junghund mit vielleicht nicht so hervorragenden Erbanlagen noch ein famoser Vierbeiner werden kann.

Abb. 13. Airedale bei der Abwehr eines Angriffs. Vorbedingung für diese Übung ist absoluter Gehorsam. (Foto: X. Hehl)

Abb. 14. Übung an der Schrägwand. (Foto: X. Hehl)

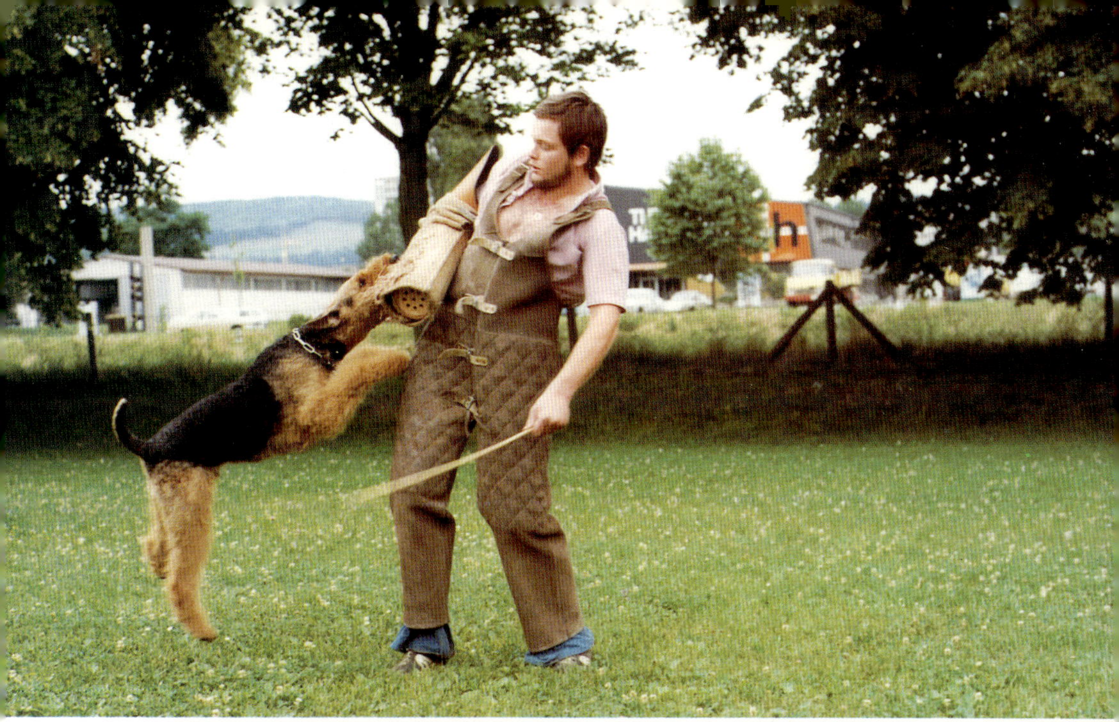

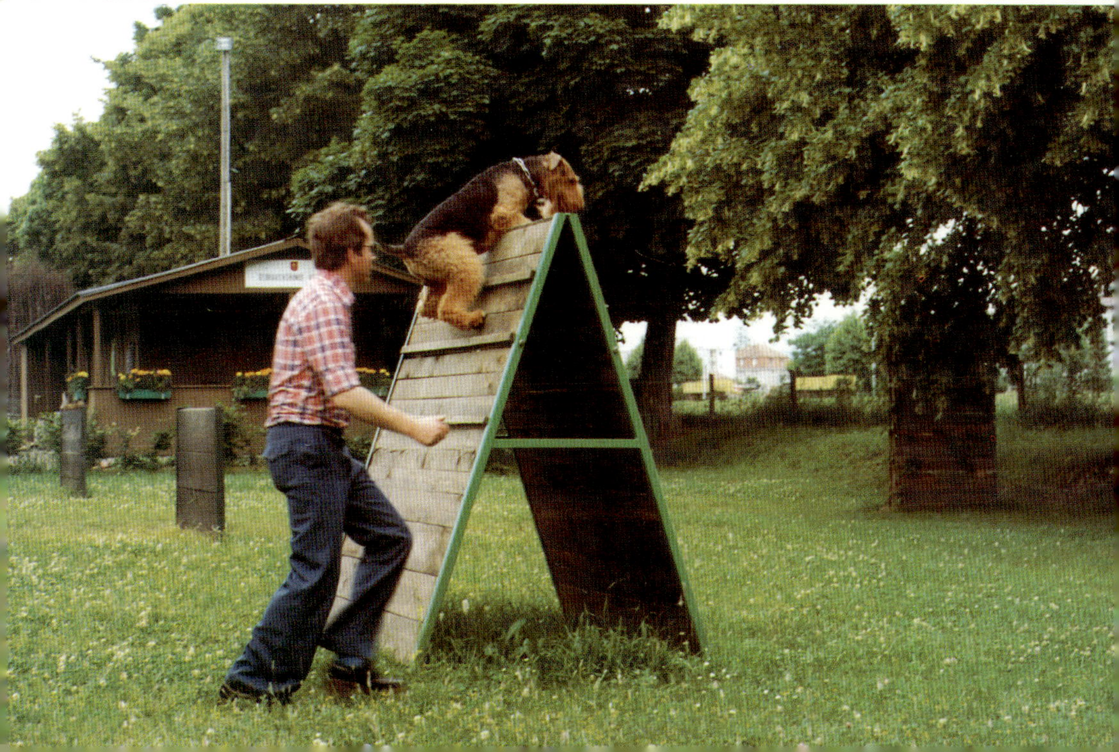

Fütterung

Sicherlich hat der Terry-Züchter Angaben darüber gemacht, mit welchen Mengen welcher Nahrung, wie oft und wann die Junghunde bei ihm gefüttert wurden. Danach sollten Sie sich in der Eingewöhnungszeit sehr genau richten. Besonders Ihr junger Hund ist für Magenverstimmungen, u. a. hervorgerufen durch Aufregung, recht anfällig. Die Uhrzeiten können den Gegebenheiten im eigenen Haushalt (aber nicht übergangslos) angepaßt werden. Die Anzahl der täglichen Mahlzeiten sollten Sie jedoch nicht verringern. Eine regelmäßig, zu bestimmten Zeiten durchgeführte Fütterung erleichtert Ihnen die Erziehung zur Stubenreinheit, denn wie Sie gelesen haben, erfolgt eine Blasen- und Darmentleerung immer kurz nach der Nahrungsaufnahme.

Der heranwachsende Terry ist auf sehr qualitätsvolles Futter angewiesen, das er in mehreren, über den Tag verteilten Mahlzeiten erhalten muß. Es wäre unsinnig, einem im Wachstum befindlichen Junghund mit ein oder zwei Mahlzeiten den Magen übermäßig zu füllen. Sein Organismus ist nicht in der Lage, daraus alles für ein gutes Gedeihen Notwendige zu ziehen. Für einen 2−4 Monate alten Airedale empfiehlt sich eine viermalige tägliche Fütterung. Bis nach dem vollständigen Zahnwechsel im ca. 8. Lebensmonat muß dann 3× täglich gefüttert werden. Danach sind zwei Mahlzeiten am Tag erforderlich, die für den noch in der Entwicklung stehenden Terry gehalt-

voller und mengenmäßig größer sein müssen als für den nach ungefähr 1½ Jahren ausgewachsenen Airedale. Rein auf das Quantum bezogen wird ein heranwachsender Terry in den ersten 12 bis 15 Monaten seines Lebens soviel vertilgen, wie er später als ausgereifter Airedale in einem Zeitraum von zwei Jahren verbraucht.

Berücksichtigen Sie in den ersten Tagen, daß Terry bei den Mahlzeiten sicherlich seine Geschwister vermißt. Der Anreiz − lies der Futterneid − fehlt, und wahrscheinlich wird die vom Züchter angegebene Menge pro Mahlzeit nicht aufgenommen. Unterstützen Sie diese lustlose Nahrungsaufnahme nicht noch dadurch, daß die halbgeleerte Futterschüssel länger als eine halbe Stunde herumsteht. Richtiger ist es, die Portion der nächsten Mahlzeit zu reduzieren und zunächst pro Fütterung weniger zu geben, bis Sie merken und sehen, es schmeckt dem Terry, und er hat in Null Komma nichts alles weggeputzt. Dann können Sie auch die Portion wieder erhöhen. *Niemals* darf Terry mit Neckereien zum Fressen angereizt werden, hierauf sind im besonderen die Kinder sehr eindringlich hinzuweisen. Die tägliche Futtermenge sollte zu ca. 70% aus Fleisch und ca. 30% aus aufgeschlossenen Getreideprodukten (Cerealien) bestehen. Notwendige Beigaben sind Mineralstoffe und Vitamine. Tragende oder säugende Hündinnen, im Wachstum befindliche wie auch Hunde im harten Arbeitseinsatz sowie der alternde Vierbeiner benötigen zusätzliche Aufbaustoffe. Der Handel hält all diese erforderlichen Zusätze in den verschiedenen Zusammensetzungen vorrätig, beachten Sie die Dosierungsanweisungen und das auf der jeweiligen Packung angegebene Verfallsdatum. Kaufen Sie diese Aufbau- bzw. Zusatzpräparate in Tablettenform, in dieser Form gereicht wird Terry sie leichter nehmen und u. U. sogar als Leckerbissen betrachten. Die empfindlich reagierende Hundenase stört sich sehr leicht daran, wenn der Eigengeruch der Nahrung dadurch verfälscht wird, daß Pulver untergemischt oder darübergestreut wird.

Die wildlebenden Verwandten unserer Haushunde fressen ihre Beutetiere sozusagen mit Haut und Haaren und versorgen sich derart mit allen für ihre Erhaltung notwendigen Nährstoffen. Mit ,,Haut und Haar" bedeutet: einschließlich der inneren Organe, *aber* das Knochengerüst überlassen sie den Geiern! Terry ist auf das angewiesen, womit Sie täglich seine Futterschüssel füllen, und trotz aller Aufklärung ist oft noch so manches darunter, was besser in den Abfallkübel gehört. Dabei war es nie leichter, einem Hund eine ausgewogene Kost zu geben, als heutzutage. Durch enorme Fortschritte in der Ernährungswissenschaft und Technik wird eine große Anzahl industriell hergestellter Hundefutter-Sorten angeboten. Sie können getrost darauf zurückgreifen, sollten Ihre Beziehungen zum Schlachter nicht ausreichen, die täglich erforderliche Menge an Fleisch direkt zu beziehen. Verschwiegen werden soll nicht, daß die Werbung der Futtermittel-Industrie für den Laien oft eher verwirrend als aufklärend ist. Achten Sie daher

sehr genau auf die Inhaltsangabe, Vollkost *muß* Fleisch und Getreideprodukte in ausgewogenem Verhältnis, also 70 zu 30, enthalten. Daneben gibt es reine Fleischnahrung sowohl in Dosen wie in getrocknetem Zustand und Beifutter in Form von Hundekuchen oder mit allerlei Zusätzen versehene Futterflocken. Sofern Sie hauptsächlich Produkte der Hundefutter-Industrie füttern, ist es ratsam, die Fabrikate von Zeit zu Zeit zu wechseln. Testen Sie vorher mit einer kleinen Probe, ob Terry das in der Werbung hochgepriesene Futter mag, bevor Sie größere Mengen davon kaufen. Auch in Hundekreisen sind die Geschmäcker durchaus verschieden. Sofern man die Möglichkeit hat, teilweise oder sogar immer Frischfleisch (Abfälle resp. Innereien) preisgünstig zu bekommen, gilt es einiges zu beachten. Für den 70%igen Fleischanteil der täglichen Nahrung sind, neben Muskelfleisch, alle Innereien wie Herz, Nieren und Leber, Pansen und Blättermagen, Euter und sonstige Fleischabfälle vom *Rind* geeignet. Lunge und Milz haben geringen Nährwert und müssen, genau wie Nieren, Leber und Euter, abgekocht werden.

Völlig ungeeignet ist alles vom *Schwein,* hier besteht sogar die große Gefahr, daß sich der Hund mit dem Aujeszky-Virus infiziert. Da es dagegen bislang keinen Schutz und für davon befallene Hunde keine Heilung gibt, ist allergrößte Vorsicht geboten. Rohe Schlachtabfälle, deren Herkunft man nicht kennt, sind *immer* abzukochen, tieffrieren tötet das Virus nicht ab. Die durch ein Virus ausgelöste Aujeszkysche Krankheit hat sich in den vergangenen Jahren in den Schweinebeständen erheblich ausgebreitet, führt hier jedoch nur beim Saugferkel zu Todesfällen. Selbst bei der amtlichen tierärztlichen Fleischbeschau ist nicht feststellbar, ob das geschlachtete Schwein den Erreger beherbergt, welcher übrigens für den Menschen nicht gefährlich ist.

Anders bei der Salmonellose, eine bei Tieren wie Menschen häufige – mit ansteigender Tendenz in den letzten Jahren – bakterielle Infektionskrankheit. Man kennt inzwischen ca. 2000 verschiedene Salmonellenarten; diese Erreger zu bekämpfen gelingt nur durch die konsequente Beachtung hygienischer Maßnahmen. Neben Sauberkeit in allen Bereichen gehört dazu auch das Erhitzen des Futterfleisches, und zwar durch und durch; ankochen oder anbraten reicht nicht aus. Auch in der Tiefkühltruhe bei Temperaturen bis zu −22°C bleiben Salmonellen noch infektionsfähig.

Im übrigen ist es ein weitverbreiteter Irrtum, daß der Hund rohes Fleisch benötige. Sterilisiertes Fleisch wie z.B. im Fertigfutter sowie gekochtes Fleisch hat denselben Nährwert.

Gewarnt werden muß auch vor einer übermäßigen Fütterung mit Abfällen aus der Geflügelzucht. Oft findet hier wie bei der sonstigen Massen-Mast-Aufzucht ein besonders konzentriertes mit allerlei Zusätzen versehenes Futter Verwendung. Wie allgemein bekannt, lagern sich diese erlaubten (und oft auch unerlaubten) Zusätze vorrangig in den Innereien dieser Masttiere ab.

Fisch hat zwar geringeren Nährwert als Fleisch, ist aber durch den höheren Anteil an Eiweiß und Jod besonders für den heranwachsenden Terry eine willkommene Abwechslung. Da roher Fisch ein Antivitamin enthält und außerdem die Gefahr der Übertragung eines gefährlichen Parasiten besteht (Fischbandwurm), darf Fisch nur abgekocht gegeben werden, Gräten sind zu entfernen. Unbedenklich und bei Vierbeinern sehr beliebt ist der im Handel erhältliche Trockenfisch, Räucherfisch hingegen ist kein Hundefutter.

Aufgeschlossene Getreideprodukte wie trockengekochter, naturbelassener Reis, Futterflocken oder Hundekuchen bilden den notwendigen 30%igen Anteil an Cerealien. Jegliche Art von Obst, wobei größere Kerne wie z.B. von Pflaumen und besonders von Pfirsichen (hier: Lebensgefahr!) vorher zu entfernen sind, und Gemüse, hier jedoch keine blähenden Kohlsorten oder Hülsenfrüchte, sind wichtige Vitaminträger. Der besseren Verdaulichkeit wegen sollten diese Dinge jedoch kleingehackt dem Futter beigemengt werden.

Milch ist ein Nahrungsmittel und keinesfalls, wie oft irrtümlich angenommen, ein durststillendes Getränk. Auch Milchprodukte und Eier spielen ihre Rolle in der ausgewogenen Ernährung eines Hundes. Füttern Sie jedoch kein rohes Eiweiß; es enthält ein Antivitamin.

Mit sehr großer Einschränkung sind Knochen erlaubt. Völlig ungeeignet, ja sogar gefährlich, sind alle harten, splitternden Knochen, besonders von Geflügel oder Wild und Kotelettknochen. Der junge Terry freut sich über einen großen, unzerhackten rohen Kalbsknochen sowie über große Knorpelstücke, die nicht im Ganzen verschluckt werden können; im Zahnwechsel eine willkommene Gelegenheit zum Nagen und Knabbern. Möglicherweise erleben Sie nach der Anschaffung von Terry, daß einige Nachbarn Sie plötzlich mit ausgelaugten,

Abb. 15. Groß und stark wird man nur, wenn man ordentlich futtert. (Foto: H. Diedrich)

ausgekochten, viel zu harten Knochen aller Art ,,beglücken''. Sofern es Ihnen nicht gelingt, diese nachbarliche Hilfe bei der Fütterung von Terry mit aufklärenden Worten zu verhindern, bestehen Sie darauf, daß man all diese wohlgemeinten Fütterungsbeihilfen bei Ihnen direkt abliefert. Sie befördern diese Abfälle dann dahin, wohin sie gehören, nämlich in die Mülltonne.

Ungeeignet als Hundefutter ist auch Brot oder Kuchen, ungesund sind alle scharf gewürzten Tischabfälle.

Der Hundemagen benötigt zwar zur Bildung von Salzsäure Natriumchlorid (Koch-salz), jedoch regelt sich dieser Bedarf bei einer Fütterung von rohem Frischfleisch von selbst. Auch das industriell hergestellte Hundefutter enthält, wie aus der jeweiligen Inhaltsangabe ersichtlich, die täglich notwendige richtige Dosis. Wird vorrangig selbstgekochtes Fleischfutter gegeben, kann eine kleine Prise Salz nichts schaden; unbedingt erforderlich aber ist sie bei größeren Gaben Cerealien. Rohes Fleisch darf den von vielen Hunden geliebten ,,Hautgout'' haben. Alles Abgekochte wie Überbrühte muß völlig einwandfrei sein, will man Magenverstimmungen oder gar Schlimmeres verhüten. Die jeweilige Futtermenge soll gut temperiert sein; also Tiefgefrorenes restlos aufgetaut und niemals, auch nicht im Hochsommer, direkt aus dem Kühlschrank füttern. Achten Sie darauf, daß abgekochtes Futter genügend abgekühlt ist, denn hat sich Terry erst einmal an zu heißem Futter die Zunge verbrannt, wird er nur sehr zögernd wieder aus seinem Napf fressen.

Die meisten Airedale mögen ihr Futter möglichst trocken. Diesem Verlangen sollten Sie entgegenkommen, zumal bei einer Brei-Fütterung die dadurch verklebten Barthaare jedesmal gründlich zu säubern wären.

Das Fleisch muß natürlich in mundgerechte Stücke geschnitten sein, für den jungen Terry kleiner als später für den ausgewachsenen. Alle Hunde kauen ihre Nahrung nur unvollständig, und so ein übergroßes Stück im Ganzen verschluckt könnte fatale Folgen haben. Man kann den täglich notwendigen Fleischanteil der Hundeernährung als eine, und den Cerealienanteil als andere Mahlzeit geben. Dies läßt sich leicht durchführen, indem man die Mahlzeiten in rein Fleisch- resp. rein Getreideprodukte aufteilt. Beim heranwachsenden Terry beginnt man morgens mit einer Getreidefütterung und reicht die Fleischmahlzeiten mittags und früh am Abend, der ausgewachsene Vierbeiner erhält morgens z. B. Hundekuchen und die Fleischmahlzeit am späten Nachmittag. Wasser ist lebensnotwendig und sollte niemals zugeteilt werden. Entgegen weitverbreiteter Meinung erziehen Sie Ihren Terry nicht zum Säufer, wenn er immer frisches Wasser in seinem Trinknapf vorfindet, er wird nur bei Bedarf schlabbern. Rationiert angebotenes Wasser wird er jedoch, egal ob er gerade Durst hat oder nicht, immer bis zum letzten Tropfen aus-

trinken. Und es besteht die Gefahr, daß Terry sich auf jede Pfütze stürzt, um seinen Durst zu stillen. Ständiger, übermäßiger Durst, d. h. wenn Terry ohne erkennbaren Grund Schüssel auf Schüssel leert, ist ein Alarmsignal, und Sie sollten dann den Tierarzt befragen.

Daß Futter- und Trinknapf so hoch gestellt werden, so daß Terry aufrecht stehend heranreicht, wurde schon erwähnt. Diese Maßnahme ist nicht nur vorteilhaft für eine gute Körperhaltung, sondern hat auch erzieherischen Wert. Terry lernt nämlich, alles für ihn Bestimmte befindet sich in diesen, für ihn in angenehmer Höhe angebrachten Näpfen, und alles auf dem Boden Herumliegende ist „Pfui" oder, wenn es für Sie besser klingt, „Nein". Selbstverständlich sollte sein, daß die Futterschüsseln sauber gehalten werden. Konsequent muß von vornherein die Bettelei bei Tisch unterbunden werden. Bei „einmal ist keinmal" würde es nicht bleiben, wenn Sie meinen, eine Ausnahme machen zu können. Achten Sie darauf, daß die Kinder nicht unbemerkt ein Bröckchen unter den Tisch fallen lassen. Diese sehr lästig werdende Angewohnheit hat Terry viel rascher angenommen, als sie ihm dann wieder abgewöhnt werden kann. Anzuraten ist, daß Terry gefüttert wird und danach seinen kurzen, notwendigen Auslauf erhält, bevor Sie sich mit der Familie zu Tisch setzen. Gesättigt und meist sowieso etwas müde wird Terry von sich aus nicht auf den Gedanken kommen, daß das so verlockend Duftende für ihn mitbestimmt sein könnte.

So genau und ausführlich man über das *Was* als Futter schreiben kann, Angaben über das *Wieviel* sind immer nur *in etwa* zu geben. Und dies bezieht sich auch auf die Mengenangaben auf Packungen der Hundefutter-Hersteller. Als Faustregel gilt, daß ein *ausgewachsener* Airedale täglich pro kg Körpergewicht 25 g hochwertiges Futter benötigt.

Wie Sie Ihren Terry wiegen? Nichts einfacher als das. Zunächst stellen Sie sich auf die Waage, um Ihr eigenes Körpergewicht festzustellen, danach nehmen Sie Terry auf den Arm und wiegen sich so nochmals. Die Differenz ist das Gewicht von Terry.

Daß ein heranwachsender Vierbeiner ein größeres Quantum an Nahrung benötigt, wurde schon erläutert, beim jungen Terry ist *etwas* Babyspeck auf den Rippen durchaus zulässig. Ausgewachsen sollten seine Rippen jedoch gut tastbar sein, dann ist es richtig. Gewünscht wird beim Airedale ein substanzvolles, trotzdem elegantes Gebäude. Hüten Sie sich davor, diese gewünschte Eleganz zu übertreiben, Fachleute sprechen dann vom Hungeradel. Ein Airedale mit dem Körper eines Windhundes besitzt nicht die im Rassestandard geforderte Substanz.

Wie alle Säugetiere kann auch der *gesunde* Terry recht lange ohne Nahrung auskommen, solange der Flüssigkeitsbedarf des Körpers befriedigt wird. Ein angeratener Fastentag pro Woche beim erwachsenen Terry ist keine Quälerei, sondern gesund und entlastet Magen und Darm; danach schmeckt's doppelt gut. An so einem Fastentag bekommt Terry morgens ein knappes Hundekuchen-Frühstück, die Hauptmahlzeit am Spätnachmittag fällt aus. Beim heranwachsenden Vierbeiner läßt man an einem Tag in der Woche eine der größeren Mahlzeiten ausfallen oder aber füttert an diesem Tag überhaupt weniger. Nochmals der Hinweis, zum Trinken muß Terry auch an einem Fastentag immer frisches Wasser in seinem Napf vorfinden!

Hier soll noch erwähnt werden, daß das manchmal zu beobachtende Grasfressen von Hunden absolut nichts mit dem kommenden Wetter zu tun hat, sondern vielerlei Ursachen haben kann. Der Grund dafür kann sowohl Vitaminmangel sein wie einen übersäuerten Magen bedeuten aufgrund fehlerhafter Futterzusammenstellung. Gras ist eine typische „Brechhilfe", deshalb wird scharfkantiges Gras bevorzugt gefressen. Sofern dieses Gras schleimumwickelt erbrochen wird, sollten Sie es genauer untersuchen! Meist finden Sie darin einen kleinen Fremdkörper oder Knochensplitter. Seien Sie froh, daß Terry sich zu helfen wußte und dieses Ding herausbrachte, bevor es durch den Darm wandernd Schaden anrichten konnte.

Pflege, Zurechtmachen, Gesundheit

Tägliche *Haarpflege* ist absolut notwendig und außerdem eine gute Gelegenheit, die Gesundheit von Terry zu überwachen. Vorteilhaft wäre, wenn Sie sich dafür einen kleinen Raum oder zumindest eine Ecke einrichten könnten. Benötigt wird ein Tisch, auf dem Terry bei der Pflege und auch später beim Zurechtmachen steht oder liegt. Er sollte nicht zu hoch, in sich stabil, mit einer ausreichend großen rutschsicheren Tischplatte versehen sein. Beim Handel einen derartigen ,,Trimmtisch'' zu erwerben ist nur notwendig, wenn Sie aus Platzmangel nur ein zusammenklappbares Gestell unterbringen können, denn zusammenlegbare Gartentische sind ungeeignet. Ansonsten können Sie sich sicherlich selbst so einen Tisch passend herrichten. Warum Terry bei der Pflege erhöht stehen sollte, ist leicht erklärt: Einmal ersparen Sie sich Kreuzschmerzen, und zum anderen kann man beim liegenden Terry die schwerer zugänglichen Körperpartien wesentlich leichter bearbeiten.

Möglicherweise ist Terry schon gewohnt, auf dem Tisch zu stehen, denn natürlich wurde er auch beim Züchter gebürstet und gekämmt, unter Umständen sogar schon etwas zurechtgemacht. An Ihnen liegt es nun, daß Terry rasch begreift, daß alles, was auf dem Tisch mit ihm passiert, zu seinem Besten ist. Mit Geduld, Festigkeit und Konsequenz von Ihrer Seite und einer kleinen Belohnung hinterher, wenn er brav war, hat Terry es bald kapiert. Airedale kön-

nen sehr eitel sein, anders kann man ihr Gehabe, wenn man schmeichelnd sagt: ,,Was bist du für ein schöner Terry'' nicht bezeichnen, selbst auf die Gefahr hin, daß dies als ,,Vermenschlichung'' abgetan wird. Bei der täglichen Pflege einen weißen oder zumindest sehr hellen Kittel zu tragen ist empfehlenswert, damit wird Terry für künftige Besuche beim Tierarzt an dessen Praxiskleidung gewöhnt.

Zur Haarpflege werden benötigt: Bürste und Kamm, Handschere mit abgerundeter Spitze und ein großes, weiches Ledertuch, alles andere findet sich im Haushalt. Achten Sie beim Kauf dieser Utensilien auf Qualität, Sparsamkeit ist hier am falschen Platz. Probieren Sie aus, wie die Bürste in der Hand liegt, sie soll harte Naturborsten haben; bei Kunststoffmaterial ist die Spitze der einzelnen Borste meist zu scharf. Die Gefahr von Hautverletzungen ist dann, wie bei Drahtbürste und Striegel, recht groß. Der Stahlkamm darf nicht zu engzinkig sein, auch hier auf gute Verarbeitung achten. Sogenannte Massagehandschuhe, wobei die Handfläche mit kurzen Borsten oder Gumminoppen besetzt sein soll, werden sicherlich auch von Terry geschätzt. Hierbei bekommt er mit der Haarpflege gleichzeitig eine Hautmassage.

Die Bürste kommt immer *vor* dem Kamm, diese Reihenfolge einzuhalten ist wichtig. Von einem auf den anderen Tag durch Wind und Wetter verheddertes Haar ohne zu bürsten, sofort mit dem Kamm bearbeiten, das zieht und verleidet Terry die Haarpflege.

Beim Airedale geschieht die Haarpflege immer *mit* dem Strich, also vom Kopf in Richtung Rute. Lediglich die Barthaare und, wenn Sie dies schön finden, die Haare an den Läufen werden zum Abschluß *gegen* den Strich gekämmt. Beim Kämmen von Bart (nach vorn) und den Laufhaaren (nach oben) müssen Sie sehr vorsichtig sein, um nicht unbeabsichtigt mit einem zu engzinkigen Kamm zuviele Haare herauszukämmen, denn gerade diese Haare wachsen sehr langsam nach. Lehren Sie Terry, sich auf der Seite liegend, Füße Ihnen zugewandt, Innenseite der Läufe sowie Brust- und Bauchhaare pflegen zu lassen. So ist es für Sie bequemer, und man kann gründlicher arbeiten. Die Po-Umgebung wird täglich mit einem in sehr milder Desinfektionslösung ausgedrückten Tuch gesäubert, um den After herum sollten die Haare öfters gekürzt werden, dann bleibt beim Kotabsatz nicht so leicht etwas hängen. Müssen Sie aus Zeitgründen einmal die tägliche Pflege einschränken, streichen Sie das Kämmen für diesen Tag. Bedenken Sie aber immer, daß es wesentlich einfacher ist, einen regelmäßig gepflegten Airedale adrett aussehen zu lassen. Nicht nur, daß eine lediglich in längerem Zeitabstand durchgeführte Körperpflege viel mehr Zeit kostet, es gibt Dinge, die man tagtäglich überprüfen sollte.

Die aus hygienischen Gründen notwendige Säuberung der Rückseite von Terry wurde schon erwähnt, daneben gilt es, Augen, Ohren, Gebiß und Pfoten zu überprüfen, auf Hauterkrankungen und *Ungezieferbefall* zu achten. Mit letzterem angefangen: Es

ist keine Schande, wenn Sie so etwas bei Terry feststellen, die Möglichkeiten, wo oder wie er sich Floh, Laus, Zecken usw. einfangen kann, sind groß. Arg wäre es nur, wenn Sie nicht sofort etwas gegen diese unerwünschten Viecher tun würden. Terry kann bei Spaziergängen vorbeugend ein Flohhalsband tragen, beachten Sie jedoch die Gebrauchsanweisung, nicht alle Airedale vertragen das ständige Tragen. Die Bekämpfung von Ungezieferbefall ist auch notwendig, weil diese sich auf oder teilweise in der Haut aufhaltenden Schmarotzer Terry zum ständigen Kratzen und

Abb. 16. Innere und äußere Parasiten des Hundes. a) Spulwurm; b) Bandwurm mit Kopf; c) Floh; d) Läuse.

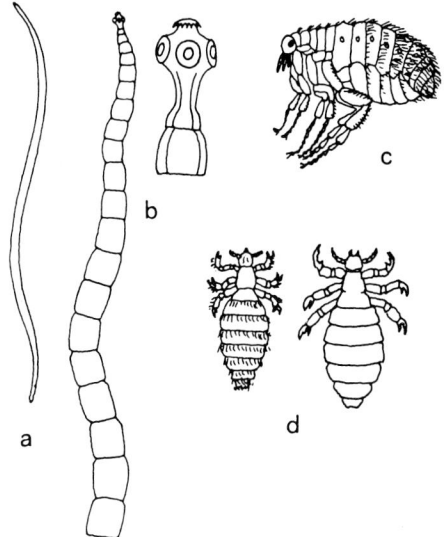

51

Jucken veranlassen. Zu leicht entsteht dadurch ein schwer abheilendes Ekzem. Der Floh ist vielfach Zwischenwirt des Hundebandwurms. Zecken, vielerorts auch Holzbock genannt, dürfen nicht einfach herausgerissen werden, denn dabei bleibt zu häufig der in die Haut gebohrte Kopf stecken. Ein Tropfen Öl auf die Zecke geträufelt, verstopft ihre am Hinterleib angebrachte Atmungsöffnung, die Zecke erstickt und löst sich von selbst bzw. kann nach einiger Zeit durch Drehen vorsichtig herausgelöst werden. Flohbefall läßt sich mit speziell dagegen entwickeltem Puder oder Spray gut bekämpfen. Läuse und Haarlinge erfordern einen längeren Behandlungszeitraum, im Gegensatz zum Floh vermehren sie sich direkt auf dem Hund. Man kommt nicht umhin, Terry mehrmals, in 5–6 Tagen Abstand, in einer besonderen Arzneimittellösung zu baden. Nur so kann man sichergehen, daß auch das letzte Ei (Nisse) vernichtet wird.

Selbstverständlich sollte sein, daß Decken und Bezüge von Terrys Lager sauber gehalten werden. Bei festgestelltem Ungezieferbefall wechselt man öfters aus als sonst und desinfiziert zusätzlich das Lager.

Übrigens, Hundefloh und -laus sind nicht identisch mit den sich beim Menschen wohl fühlenden Schmarotzern gleicher Bezeichnung. Lediglich Zecken, die draußen in der Natur auf einen Blutspender lauern, machen keinen Unterschied zwischen Zwei- und Vierbeinern.

Kratzt und juckt sich Terry ständig, ohne daß Sie die Ursache hierfür feststellen können, scheuen Sie nicht den Weg zum Tierarzt. Auch *Hauterkrankungen* können die Ursache sein und gehören zur Diagnose und Behandlung in die Tierarztpraxis. Auf gut Glück irgendwelche Mittelchen anzuwenden verschlimmert oft die Krankheit, in den seltensten Fällen tut man dabei den richtigen Griff.

Am *Auge* sollten Sie täglich das Sekret entfernen, das sich nach dem Schlaf im inneren Augenwinkel angesammelt hat. Dafür nimmt man ein in lauwarmem Wasser angefeuchtetes Papiertaschentuch; kein Borwasser verwenden. Ständig triefende, gerötete oder sogar eitrig entzündete Augen sind ein Alarmsignal, Sie sollten den Fachmann befragen.

Nach der Nase ist das *Ohr* für den Hund das zweitwichtigste Sinnesorgan, es muß gut beobachtet werden. Erkrankungen des Gehörganges kündigen sich mit unangenehmem Geruch an. Achten Sie darauf, und lassen Sie es nicht soweit kommen, daß Terry durch Kopfschütteln oder Bekratzen der Ohren mit Schmerzäußerungen, manchmal auch durch ständiges Schiefhalten des Kopfes anzeigt, daß dringend eine gezielte Behandlung notwendig ist. Dafür ist dann wieder der Tierarzt zuständig, nur er besitzt das für eine Diagnose notwendige Instrumentarium. Sie selbst dürfen das Ohr nur so weit reinigen, wie Sie sehen können, und niemals tiefer in den Gehörgang eindringen. Verwenden Sie zur Reinigung einen leicht mit Kinderöl benetzten Wattebausch, niemals einen harten Gegenstand. Vergessen Sie bei der Reinigung nicht, auf die kleine Tasche am unteren Rand des äußeren Ohrlappens zu achten, doch lassen Sie niemals einen dicken Ölfilm auf der Haut, Schmutz und Staub setzen sich leicht darauf ab. Sehr wichtig ist, daß niemals Wasser ins Ohr gelangen darf, bei dem kompliziert aufgebauten Ohrinneren ist Terry nicht in der Lage, es sich herauszuschütteln. Bei einem wirklich einmal notwendigen Bad wird der Gehörgang mit einem kleinen Wattepfropfen verschlossen. So ein fest zusammengedrehtes Stück Watte hilft auch, wenn beim Bad im Freien Wasser ins Ohr gelangte. Man muß sich jedoch vergewissern, daß immer genügend Luft ins Ohr kommt. Zwar schließt das Kippohr des Airedales den Gehörgang nicht so hermetisch ab, wie es bei glatt herunterhängenden Ohren der Fall ist (z. B. Cocker-Spaniel), doch können Sie ein übriges tun und eventuell direkt in den Gehörgang wachsende Haare *sehr* vorsichtig herauszupfen. Einfach abschneiden wäre falsch, denn die nachwachsenden Stoppeln irritieren und verleiten zum Kratzen.

Beim heranwachsenden Terry müssen Sie auf korrekte Ohrenhaltung achten. Alle Hunde „spielen" während des Zahnwechsels mit den Ohren, Terry würde sich dabei möglicherweise eine fehlerhafte Ohrenstellung angewöhnen. Verhindern kann man dies, wenn die Ohren während der besonders kritischen Zeit geklebt werden. Dies ist keine für Ausstellungszwecke untersagte Korrektur, und diese kleine Hilfe beeinträchtigt auch nicht das Wohlbefinden von Terry, notwendig ist lediglich, daß immer beide Ohren mit der Spitze nach vorn auf den Oberkopf geklebt werden. Wie genau dies bei Ihrem Terry geschehen muß, zeigt der Züchter oder ein Airedale-Kenner gerne, die Methode ist von Fall zu Fall verschieden.

Das *Gebiß* bedarf sorgfältiger Überwachung. Der junge Terry muß lernen, daß

Abb. 17. Das Gebiß des Hundes. I = Incisivi (Schneidezähne), C = Canini (Fang- oder Eckzähne), P = Praemolares (vordere Backenzähne), M = Molares (hintere Backenzähne).

Abb. 18. Zum „Zähne zeigen" werden die Lefzen vorsichtig angehoben.

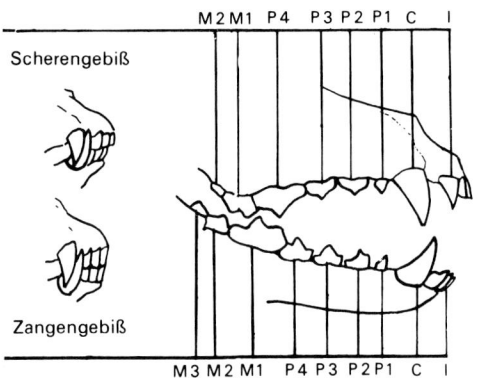

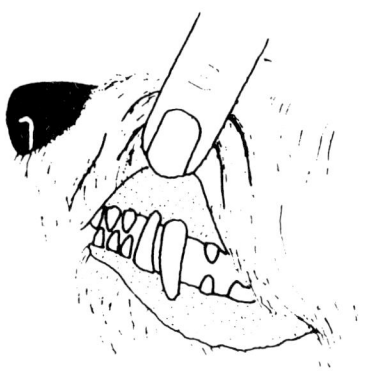

nichts Böses geschieht, wenn Sie ihm vorsichtig die Lefzen hochschieben. Hier werden beim Anlernen viele Fehler gemacht, denn anders sind die oft zu beobachtenden Ringkämpfe zwischen Vierbeiner und demjenigen, der das Gebiß überprüfen will, nicht zu erklären. Während des Zahnwechsels achten Sie darauf, daß die Milch-Fangzähne (Eckzähne) herausfallen, sobald die Dauer-Fangzähne durchbrechen. Notfalls muß der Tierarzt mit der Zange nachhelfen. Alle anderen Zähne sind beim Wechsel vom ersten zum zweiten Gebiß kaum ein Problem. Sie fallen aus, sobald der Dauerzahn durchkommt, oder Terry „zieht" sich diese losen Zähne beim Benagen eines Kalbsknochens selbst. Schmutzige, mit Zahnsteinbelag behaftete Zähne müssen nicht sein, so weit sollte man es nicht kommen lassen. Denn dann wäre wiederum ein Gang in die Tierarzt-Praxis notwendig. Als Laie sollten Sie nicht den Versuch unternehmen, dicken Zahnsteinbelag selbst zu entfernen. Ob Ihr Terry zu den ihrem Frauchen oder Herrn völlig vertrauenden Vierbeinern gehört und sich willig regelmäßig mit Zahnbürste und -paste das Gebiß reinigen läßt? So was gibt es tatsächlich und ist empfehlenswert. Wie auch immer, mindestens einmal in der Woche ist es erforderlich, die Zähne mit einem weichen, mit etwas Schlämmkreide oder einer 3%igen Wasserstoffsuperoxydlösung angefeuchteten Tuch abzureiben. Die Veranlagung zu starkem Zahnsteinbelag ist von Hund zu Hund unterschiedlich und hängt weitgehend von der Zusammensetzung des Speichels ab. Vorbeugend kann man Terry den Cerealien-Anteil der täglichen Nahrung in Form von Hundekuchen geben,

auch Kauen und Nagen von Büffelhautknochen reinigt und massiert zudem noch Zahnfleisch und Gaumen. Allerdings ist der Reinigungseffekt gering. Harte Fleischknochen dagegen sind keine Zähneputzer!
Die *Pfoten* werden täglich einer sorgfältigen Inspektion unterzogen, doch seien Sie achtsam, Terry ist hier womöglich kitzlig. Rauhe, rissige Ballen, die durch ständiges Laufen auf nicht glattem Zementboden leicht entstehen, reibt man mit etwas Lebertransalbe ein; nur – danach selbstverständlich nicht sofort über den besten Teppich laufen lassen. Probleme gibt's im Winter, denn wo findet man heutzutage noch Wege oder Straßen, die bei Schnee und Eis nicht sofort mit Salz bestreut werden? Damit Terry auch bei winterlicher Witterung zu den notwendigen Spaziergängen kommt, ohne daß ihm das Streusalz an den Pfoten weh tun kann, sind die so oft verspotteten Hundeschuhe ideal. Passend für die einzelnen Terry-Pfoten sind sie sogar selbst leicht aus einem weichen Lederrest herzustellen. Auch Einreiben mit Vaseline (Vaselinum flavum; Apotheke) verhindert das Schlimmste. In diesem Fall aber, wie auch, wenn Terry mit ungeschützten Pfoten über gesalzte Straßen gelaufen ist, sollten Sie nach dem Spaziergang sofort die Füße in lauwarmem Wasser auswaschen und gründlich nachtrocknen. Ballenverletzungen durch herumliegende Glasscherben sind leider immer häufiger, tiefe Schnittverletzungen gehören in die Tierarzt-Praxis. Bei geringfügigen Verletzungen, nach der Entfernung eines eingetretenen Fremdkörpers usw. badet man den betreffenden Fuß in sehr milder Desinfektionslösung, trocknet sorgfältig und vorsichtig und ver-

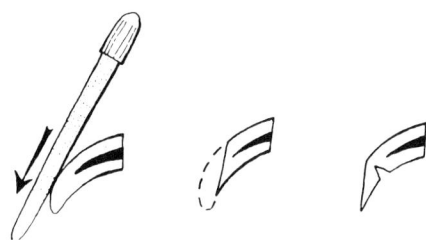

Abb. 19. So feilt man die Krallen richtig, ohne die feinen Blutgefäße zu verletzen und dem Hund Schmerzen zu bereiten.

meidet, daß sofort wieder Schmutz in die Wunde gelangt. Ballenverletzungen sind schmerzhaft und heilen langsam, zumindest für die Spaziergänge sollte die Pfote gut gepolstert bandagiert werden, auch hier kann ein Hundeschuh, über die lädierte Pfote gezogen, nützlich sein. Das zwischen den Ballen hervorwachsende Haar muß kurz gehalten werden und darf auch nie verfilzen. Zwischen den Ballen dürfen Sie *nie* schneiden, aber alles über die Fußsohle hinauswachsende Haar kürzen Sie von Zeit zu Zeit mit der Schere.

Zu überlang wachsenden *Krallen* sollte es gar nicht erst kommen, wenn's klappert, sobald Terry über harten Boden läuft, ist es schon zu spät. Sofern die täglichen Spaziergänge hauptsächlich über gepflasterte Straßen führen, nützen sich die Krallen von selbst ab. Ansonsten müssen Sie einmal wöchentlich diese natürliche Abnützung mit einer harten Feile ersetzen. Wenn Sie es geschickt – und bevor es zu spät ist – beginnen, hat sich Terry rasch an diese lästige Prozedur gewöhnt. Das Hantieren mit einer Krallenzange sollten Sie sich von ei-

nem Fachmann zeigen lassen, sonst sind Verletzungen fast unvermeidlich. Denn die Zehenkralle des Hundes ist keinesfalls tot, es befinden sich Blutgefäße darin, und diese wachsen immer so lang wie der betreffende Nagel. Bei helleren Krallen kann man sie gut sehen, die vorzugsweise schwarze Kralle beim Airedale erschwert ein Erkennen.

Die regelmäßig durchgeführte Haarpflege kann intensiviert werden, wenn hin und wieder mit dem weichen, angefeuchteten, aber fest ausgewrungenen Ledertuch nachgerieben, sozusagen poliert wird. Jedes einzelne Haar ist von einer Schutzschicht umgeben, darauf setzt sich der Schmutz fest. Durch Bürsten mit dem Massagehandschuh und das vorerwähnte Abreiben entfernt man diesen Dreck. Zusätzlich können Sie nach einem Spaziergang im Schmuddelwetter Läufe und Körperunterseite mit lauwarmem Wasser abduschen. Terry muß danach jedoch, wie auch nach einem Regenspaziergang oder Toben im Schnee, sehr gründlich und bis auf die Haut trocken abgerieben werden. Ausrangierte Frottierhandtücher finden sich für diesen Zweck sicherlich auch in Ihrem Haushalt. Glauben Sie, um ein *Bad* für Terry nicht herumzukommen, besorgen Sie sich dafür ein spezielles Hunde-Schampon, legen angewärmte Frottiertücher bereit und in die Wanne eine Gummimatte, auf der Terry einen sicheren Stand hat. *Vor* dem Bad nochmals gründlich durchbürsten ist bei stark verheddertem Haar unbedingt notwendig, geben Sie sich nicht dem Trugschluß hin, daß verfilztes Haar nach einem Bad leichter zu entwirren sei. Auch den Wattebausch im Ohr nicht vergessen! Mit maximal 35°C warmem Wasser, also lauwarm, wird Terry rundherum gründlich angefeuchtet und danach eingeseift, wobei kein Seifenschaum in die Augen oder auf die Nase kommen darf. Sehr gründlich wird er hierauf mit lauwarmem Wasser abgespült, in den Haaren oder gar auf der Haut dürfen keine Seifenrückstände bleiben. Versuchen Sie zu verhindern, daß Terry sofort klitschenaß aus der Wanne springt, streifen Sie das Wasser mit den Händen vom Körper und von den Läufen. Bei warmen Außentemperaturen können Sie Terry zum ersten gründlichen Ausschütteln in den Garten oder auf die Terrasse führen, vorsichtshalber aber an Halsband und Leine. In jedem Fall muß Terry sehr gründlich trockengerubbelt werden. Man kann, sofern Terry an das Geräusch gewöhnt ist, auch einen Fön zu Hilfe nehmen. Erlauben Sie niemals, daß er sich mit noch feuchten Haaren irgendwo hinlegt. Notfalls sollte man Terry in ein angewärmtes, saugfähiges Tuch wickeln, bei älteren oder aber frisch getrimmten Airedale ist dies sowieso anzuraten und hat nichts mit Verweichlichen zu tun. Es ist eine Vorbeugungsmaßnahme gegen Erkältungskrankheiten, dies sind nicht nur Schnupfen und Husten. Im allgemeinen lieben Airedale Wasser und stürzen sich draußen mit Begeisterung in jedes Naß. Leider kommen sie häufig schmutziger heraus, als sie hineingelaufen sind, da hilft wie auch nach einem Bad im salzhaltigen Meerwasser nur noch eine Reinigungsdusche zu Hause. Und vergessen Sie nicht, je nach Möglichkeit könnte Wasser in die Ohren gedrungen sein, die Sie dann mit einem kleinen Wattebausch austrocknen, *aber* – und dies kann nicht oft genug wiederholt werden – niemals tief ins Ohrinnere eindringen. Schieben Sie das Bürsten des trockenen Haares nicht zu lange auf; daß vorher die Bürste einer Reinigung unterzogen wurde, ist an sich selbstverständlich.

Rauhhaarige Terrier, und dazu zählt der Airedale, werden getrimmt, fachmännisch heißt das Herauszupfen der abgestorbenen Haare ,,strippen''. Wenn Sie bei letzterem Ausdruck an Striptease denken, so ist dies durchaus richtig, denn Terry wird ja wirklich ,,ausgezogen'', durch das *Trimmen* wird ein Großteil seines Haarkleides entfernt. Diese Art des Zurechtmachens hat weder mit Tierquälerei noch mit modischem Firlefanz etwas zu tun. Sachgemäß ausgeführt werden dabei lediglich die toten, abgestorbenen Haare entfernt, dies trägt wesentlich dazu bei, daß sich Terry wohl fühlt. Nebenbei erfreut es die Hausfrau, denn damit finden sich wesentlich weniger Haare auf Teppichen usw. Bevor Sie nach dem Lesen nachfolgender Trimmanweisung sagen: das kann ich nicht und werde es nie lernen – und Terry kurzerhand in einen Hundesalon zum Zurechtmachen bringen –, sollten Sie es zunächst selber versuchen. Es ist nämlich leichter getan als beschrieben; auch wenn der eigene Versuch nicht sofort meisterlich wird, immer noch besser, als Terry von dem die Rasse nicht unbedingt kennenden Hundefriseur verschnippelt in Empfang zu nehmen.

Fürs Trimmen benötigen Sie ein Trimmesser, der Handel hat eine große Auswahl davon bereit, es soll gut in der Hand liegen, darf aber keines mit einer einlegbaren Rasierklinge sein. Es gibt recht praktische Doppel-Rupfmesser, diese sind für den

Anfänger jedoch noch nicht unbedingt empfehlenswert. Für die besonders empfindlichen Körperpartien benutzt man Hunde- auch Trimmscheren genannt, wobei Handbetrieb völlig ausreichend ist. Besorgen Sie sich eine zwar große, aber weder zu grob noch zu fein gezahnte, und eine kleine, Liliput genannt. Die Haarschere mit den abgerundeten Spitzen befindet sich sowieso unter Ihren Pflegeutensilien, nützlich kann noch eine Effilierschere sein.

Zum Trimmen steht Terry auf dem ihm schon bekannten Tisch. Da langes, ruhiges Stehen ihn ermüdet, kann er jedoch je nach zu trimmender Körperpartie auch sitzen oder liegen. Als Anfänger sollten Sie weder sich noch Terry zu sehr ermüden, vielleicht nehmen Sie sich jeden Tag jeweils nur eine Partie vor, zwischendurch betrachten Sie Fotos ausgezeichneter Airedale, um so Ihre Arbeit zu kontrollieren.

Korrekt gestrippt wird an sich, indem man mit Zeigefinger und Daumen einer Hand – die andere Hand hält die Haut straff – die losen Haare, an der Spitze packend, herausrupft. Dabei darf man natürlich niemals ganze Büschel fassen, das zieht selbst bei völlig lose sitzendem Haar. Diese althergebrachte Art können Sie sich mit Hilfe des Trimmessers erleichtern. Aber es muß auch darauf hingewiesen werden, daß ein weitgehend handgestrippter Airedale viel länger in Form bleibt, sich also diese „oldfashioned" Art durchaus auszahlt! Begonnen wird das Trimmen, wie aus der Zeichnung ersichtlich, oben hinter dem Ohransatz und wird immer mit dem Haarstrich gehend ausgeführt. Unter dem Bauch – Vorsicht hier beim Geschlechtsteil des Rüden resp. den Zitzen der Hündin –, in der

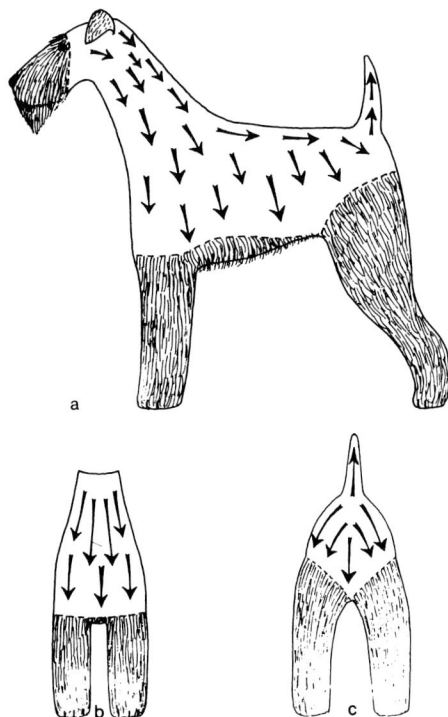

Abb. 20. Trimmanleitung für Airedale-Terrier. a) Seitenansicht, b) von vorne, c) von hinten.

Aftergegend und zum Nachschneiden der Kehlpartie ist die große Trimmschere anzuwenden, je nach Haarqualität kann man sie auch noch zum Kürzen der Haare an den Backen benutzen. Die Ohren werden innen und außen – vorsichtig – mit der Liliput geschoren und die Ränder mit der Handschere versäubert. Die erwünschte Katzenform der Pfoten wird betont, indem

57

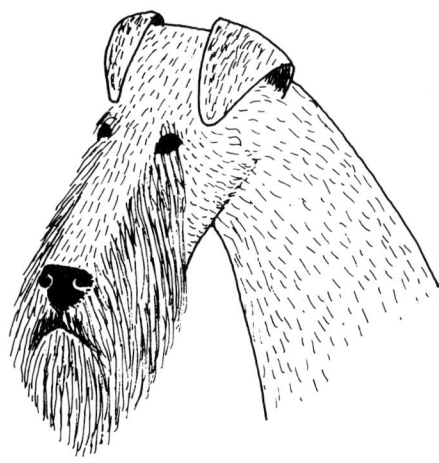

Abb. 21. Kopf-,,trimming".

Ihre ersten Versuche können Sie bald starten, denn der heranwachsende Terry wird über kurz oder lang damit beginnen, sein Babyhaar abzustoßen, bei der Haarpflege bleibt Ihnen das nicht verborgen. Arbeiten Sie an dem kleinen Kerl zunächst ohne technische Hilfsmittel, mit Finger und Daumen haben Sie ein besseres Gespür dafür, ob die glanzlos gewordenen Haare sich leicht herauszupfen lassen. Keine Angst, wenn dabei Löcher entstehen, die sind rasch wieder zugewachsen. Wichtig ist zunächst, daß wirklich alles, was ,,reif" ist, mitsamt dem abgestorbenen Ende herauskommt. Airedale werden völlig schwarz geboren, Sie können, um das Durchfärben auf der Hinterhand zu fördern, zuerst auch an dieser Stelle heruntertrimmen.

Haben Sie durchaus kein Vertrauen zu sich selbst, erkundigen Sie sich bei der nächstgelegenen Untergruppe des KFT nach einer Adresse, wo man Airedale sachgemäß trimmt. Auch der Züchter wird sicherlich behilflich sein können oder aber Ihnen die notwendigen Handgriffe sehr genau zeigen. Es gibt an sich keinen Grund, warum Sie es nicht lernen könnten, Ihren Terry selber zurechtzumachen. Werfen Sie darum das Trimmesser nicht zu rasch in die Ecke und greifen zur Schere, nur weil dies rascher geht. Der Zeitgewinn wäre relativ, denn bei einem wie ein Schaf geschorenen Airedale wächst das Haar viel rascher nach. Ganz abgesehen davon, daß dadurch auf Dauer die vielerlei Vorzüge besitzende, ursprüngliche, rassetypische Haarbeschaffenheit verändert wird.

Zur Pflege im allgemeinen gehört auch die *Gesunderhaltung*. Sie sollten alle heutzutage gegebenen Möglichkeiten ausnutzen

auch hier die überstehenden Haare ebenfalls mit der Handschere gekürzt werden. Besonders wichtig ist es, einen Übergang zu den nicht getrimmten Partien zu schaffen, also keine ,,Pluderhosen" an den Läufen oder einen wie übergestülpt anzusehenden Bart stehenzulassen. Diese letzten Feinheiten schafft man immer noch am besten mit Zeigefinger und Daumen arbeitend, lediglich bei sehr viel Haar kann man mit der Effilierschere ausdünnen.

Getrimmt wird stets zum Zeitpunkt des Haupthaarwechsels im Frühjahr und Herbst, je nach Haarwuchs unter Umständen öfter. Kopf einschließlich Ohren sowie Front und Schultern sollten zwischenzeitlich nachgetrimmt, überholt werden, denn hier wächst das Haar im allgemeinen rascher als am Körper.

und Terry gegen Infektionskrankheiten wie Staupe, Hepatitis, Leptospirose und Parvovirose schutzimpfen lassen. Diese Krankheiten sind entgegen weitverbreiteter Ansicht keine nur beim jungen Hund auftretenden Erkrankungen. Besonders heimtückkisch ist die Parvovirose, auch „Katzenseuche" genannt, die aber nicht identisch ist mit der Parvovirose der Katze. Es ist auch kein Fall bekannt, nach dem sich die Katzenseuche von der Katze auf den Hund, resp. die Parvovirose vom Hund auf die Katze übertragen hat. Es trifft also nicht zu, daß ein häufiger oder sogar enger Kontakt eines Hundes zur Katze eine Gefährdung oder, wie oft auch gesagt wird, eine Immunität des Hundes bedeutet. Nur durch regelmäßige Wiederholungsimpfungen kann die Gefahr einer lebensgefährlichen Erkrankung gebannt werden. Halten Sie daher die aus dem Impfpaß zu ersehenden nächsten Zeitpunkte genau ein, nur dadurch wird Terry auf Lebenszeit geschützt. Nicht nur für Reisen ins Ausland oder Ausstellungsbesuche ist eine Tollwutschutzimpfung erforderlich, als Absicherung für Sie und die Familie wie auch für Terry ist diese Schutzimpfung eine Notwendigkeit. Tollwut gehört zu den wenigen vom – ungeimpften – Hund auch auf den Menschen übertragbaren Krankheiten. Bei der augenblicklichen Verbreitung dieser Seuche ist ein Kontakt mit einem daran erkrankten Wildtier bei Spaziergängen immer möglich, die jeweiligen *Impftermine* müssen also strikt eingehalten werden.

Airedale sind hart im Nehmen, es bedarf einer guten Beobachtungsgabe, um bei Terry erste Anzeichen einer Erkrankung festzustellen. Aufschluß gibt die Körpertemperatur, diese liegt beim gesunden Hund zwischen 38°–38,8°C. Fieber wird am ruhig liegenden oder stehenden Terry mit einem an der Spitze leicht eingefetteten Thermometer gemessen, etwa 5 Minuten soll das Fieberthermometer im After gehalten werden. Jegliche Abweichung von der Norm nach unten oder oben signalisiert eine Gefahr. Doktern Sie niemals auf gut Glück am Terry herum, geben Sie ihm ohne tierärztlichen Rat keine für den Menschen bestimmten Medikamente, stellen Sie keinesfalls aufgrund des Studiums kluger Bücher eine eigene Diagnose. Zuviele Symptome sind „typisch" für vielerlei Erkrankungen, überlassen Sie das Erkennen und die Behandlung dem Fachmann, dem Tierarzt. Auch schlimme Verletzungen oder Knochenbrüche gehören immer in die Tierarzt-Praxis. Sollte es nicht möglich sein, daß Sie mit Terry dorthin fahren oder gehen, bitten Sie den Tierarzt um einen Hausbesuch und befolgen bis dahin seine Anweisungen.

Sie sollten sich auch nicht scheuen, bei Anzeichen von Wurmbefall bei Terry den Tierarzt zu konsultieren. Beim jungen Terry deuten ein stark aufgetriebenes und sich besonders sofort nach der Fütterung hart anfühlendes Bäuchlein, blasiger, mit Schleim umwickelter Kot, ständig triefende Äuglein und ein vom ganzen Hund ausgehender, übler, undefinierbarer Geruch auf Spulwurmbefall. Ebenso liegt der Schluß nahe, daß ein ewig hungriger und trotzdem abmagernder Terry mit struppigem, glanzlosem Haar Darmparasiten beherbergt, wenn auch anderer Art beim ausgewachsenen als beim heranwachsenden Terry. Trotzdem können diese Anzeichen genau

Abb. 22. Frisch gebürstet und herausgeputzt.
(Foto: X. Hehl)

wie das „Schlittenfahren" – Terry rutscht dabei mit dem Po über den Boden – völlig andere Ursachen haben. Eigenmächtig durchgeführte Gewaltkuren schaden meist mehr, als daß sie nützen.

Wie gefährlich Erkältungen für Terry sein können, darauf wurde schon verwiesen. Zur Vorsorge gehört nicht nur, daß Sie dafür Sorge tragen müssen, daß Terry sich nie feucht oder gar naß, womöglich noch dazu auf kalte Steine, legt. Auch Schneefressen im Winter – dies tun erstaunlich viele Hunde gern – müssen Sie verhindern, genau wie Sie darauf achten sollten, daß das Trinkwasser nie zu kalt und das Futter richtig temperiert gereicht wird.

Abgesehen von den in der Natur vorkommenden Giftstoffen, welche in Blättern, Blüten oder Früchten bestimmter Pflanzen vorkommen, birgt nahezu jedes chemische Mittel, egal wofür oder wogegen es angewandt wird, die Gefahr der Vergiftung, auch für Terry. Hier heißt es schon beim jungen Vierbeiner aufpassen und nicht leichtsinnig derartige Dinge, und dies schließt z.B. auch Haushaltreinigungsmittel ein, herumstehen lassen. Als Gartenbesitzer sollten Sie vor der Anwendung von Schädlingsbekämpfungsmitteln zweimal überlegen, ob es wirklich notwendig ist, und nicht wahllos sofort spritzen oder gießen.

Wenn es gar nicht anders geht, muß Terry von diesen derart behandelten Teilen des Gartens ferngehalten werden. Schon mit dem Darüberlaufen kann Unheil angerichtet sein, denn Terry leckt sich womöglich hinterher die Pfoten. Jede Möglichkeit einer Vergiftung aufzuzählen ist schier unmöglich, nur größte Vorsicht von Ihrer Seite und umsichtiges Verhalten kann Schlimmes verhindern. Und dazu gehört, daß Sie bei einem Verdacht auf Vergiftung *sofort* einen Tierarzt aufsuchen. Obacht, Sorgfalt zahlt sich aus, denn Vergiftungen oder zumindest Spätfolgen davon sind leider zu oft die Ursache für ein zu früh beendetes Hundeleben.

Über eine hauptsächliche oder ausschließliche Airedale-Terrier-Krankheit ist nichts bekannt. Diese erst 100 Jahre alte Rasse scheint sich trotz mancher Modernisierungsversuche viel von der ursprünglichen Vitalität erhalten zu haben. Hingewiesen werden soll abschließend auf die in den letzten Jahren sehr ins Gerede gekommene *Hüftgelenks-Dysplasie,* kurz HD genannt. Wie auch immer die Ansichten über die Ursache sind, festzustehen scheint, daß die Veranlagung dafür beim jungen Vierbeiner nicht erkennbar ist. Daraus resultiert, daß man besonders im Wachstum alles vermeiden muß, was eine übermäßige Belastung für den in Knochen und Muskeln noch nicht gefestigten Junghund bedeuten würde. Das zu häufige Treppensteigen eines jungen Airedale wurde schon angeprangert, aber auch zu lange, stark ermüdende Spaziergänge oder frühzeitiges Springen über Hürden und dergleichen gehört dazu. Wie ein kleines Kind vermag auch Terry als Junghund seine Kräfte nicht abzuschätzen, übermütig strapaziert er sich mehr, als ihm gut tut. Sie tun gut daran, diesen Übermut in die rechte Bahn zu lenken. Mindestens bis nach dem vollständigen Zahnwechsel sollten keine langen Wochenend-Spaziergänge unternommen werden, regelmäßige, kürzere Bewegung ist wesentlich vorteilhafter, auch wenn dies zeitaufwendiger ist. Über irgendwelche Hindernisse zu springen sollte Terry, wenn überhaupt, erst lernen, nachdem er mindestens 10 bis 12 Monate alt ist.

Eine gute Sache, ausreichend Bewegung zu geben ist auch, Terry neben dem Fahrrad traben zu lassen. Dies ist sogar in der Straßenverkehrsordnung vorgesehen, der Vierbeiner läuft hier rechts neben dem Fahrrad. Voraussetzung dafür ist selbstverständlich, daß Terry gelernt hat, ohne zu ziehen an der Leine zu laufen und, an sich selbstverständlich, vorher Gelegenheit hatte, sich zu lösen. Mit den ersten Übungen dafür beginnt man aber auch vorsichtig erst, wenn Terry mindestens 6–8 Monate alt ist, und länger als eine halbe Stunde dürfen Sie auch später den trainierten Terry nicht andauernd traben lassen. (Weiterführende Informationen finden Sie in einem weiteren Band der KOSMOS-Hundebibliothek: *W. und A. Schneider, Hundekrankheiten.)*

Urlaub

Ferienzeit ist gleich Hunde-Elend-Zeit. Jedes Jahr von neuem, und offensichtlich in immer größerem Umfang, quellen Tierheime vor jeder Urlaubswelle über, weil verantwortungslose Hundebesitzer sich ihres Vierbeiners entledigen, indem sie ihn aussetzen und seinem Schicksal überlassen. Sie als Terry-Besitzer werden sich – hoffentlich – die *„Ratschläge vor dem Kauf"* genau durchgelesen haben und sich lange, bevor Sie ans Kofferpacken denken, Gedanken machen, wo Ihr Hund in dieser Zeit bleiben soll. Am besten aufgehoben ist Terry natürlich auch im Urlaub im Kreis seiner Familie, aber es gibt Umstände, welche die Mitnahme unmöglich machen. Ein Pensionsplatz muß immer dann gesucht werden, wenn die Erholungszeit in einem Land geplant ist, welches aus seuchenpolizeilichen Gründen bei der Einfuhr eines Hundes – auch wenn kein dauernder Verbleib im Lande geplant ist – eine bis zu 6 Monate dauernde Quarantäne vorschreibt.

In Europa sind dies: Großbritannien einschl. Nord-Irland, Irland, Schweden, Norwegen und Finnland sowie die Insel Malta. Über die Bestimmungen außereuropäischer Länder geben Ihnen die betreffenden Konsulate gerne Auskunft. Problematisch wäre die Mitreise von Terry auch, sollte es per Flugzeug ins Ferienparadies gehen. Über die hier vorhandenen Möglichkeiten erteilt Ihnen die betreffende Fluggesellschaft Auskunft. Adressen von *Pensionsplätzen* erhalten Sie vom örtlichen Tierschutzverein, auch der Tierarzt hat oft empfehlenswerte Anschriften, ein Orientierungsbesuch bei der in Aussicht stehenden Hundepension ist aber in jedem Fall ratsam. Relativ neu ist, daß sich Hundebesitzer untereinander selbst helfen, während die eine Familie im Urlaub ist, übernimmt die andere, deren Ferienreise später liegt, die Betreuung des Vierbeiners; sozusagen im Wechsel hütet einer für den anderen den Hund. Voraussetzung für diesen Tausch ist, daß die Vierbeiner sich verstehen, denn keinem ist zuzumuten, auch nur kurze Zeit als Hundedompteur zu agieren. Am sichersten probt man das Zusammenleben der Hunde vorher bei gegenseitigen Besuchen, denn für manchen Vierbeiner wird sein Spielgefährte von der Hunde-Tobe-Wiese zum Rivalen, sobald er seine heimatlichen Rechte, sein Zuhause, mit ihm teilen soll. Eine weitere Möglichkeit des Verbleibs von Terry während Ihrer Abwesenheit wären tierliebe Freunde, die sich selbst keinen Hund halten können, aber zeitweise doch die Gelegenheit haben, sich um anderer Leute Hunde zu kümmern. Oder der Terry-Züchter hat einen Ferienplatz im Zwinger frei. Sie sehen, es gibt etliches zu bedenken, und Sie sollten die Suche nach einem Pensionsplatz für Ihren Terry rechtzeitig beginnen.

Mit Ausnahme der aufgeführten Länder ist die Mitnahme von Terry per Bahn oder im Wagen jedoch überallhin möglich. Voraussetzung für jeden Grenzübertritt ist, daß der

Abb. 23. Rechtzeitige Gewöhnung ans Autofahren macht sich bezahlt. (Foto: H. Diedrich)

Impfpaß, besonders hinsichtlich der Tollwutschutzimpfung, *up to date* ist. Und natürlich muß im *Urlaubsdomizil* das Mitbringen eines Vierbeiners geduldet sein. Airedale-Terrier sind meist prima Verreise-Hunde, passen sich, wohlerzogen, leicht überall an und genießen dankbar, daß die Familie besonders viel Zeit für sie hat.

Bei Reisen mit der *Eisenbahn* fährt Terry auf ½ Fahrkarte 2. Klasse, gleich welche Wagenklasse Sie selbst benutzen. Zwar ist die Mitnahme eines Airedale-Terriers, mag er noch so gut erzogen sein, im Abteil vom Wohlwollen der Mitreisenden abhängig, sofern Sie sich aber sofort mit dem Zugschaffner verständigen, kaum ein Problem. Wollen Sie einen Schlafwagen oder Autoreisezug resp. einen Intercity oder TEE benutzen, sind vorherige Erkundigungen über Mitreisebedingungen von Hunden notwendig.

Für die längere Fahrt in den Urlaub mit dem *Wagen* haben Sie selbstverständlich vorher mit Terry Autofahren geübt. Gegen Reisekrankheiten hält der Tierarzt gute Mittel bereit. Bitte versuchen Sie niemals, auf gut Glück mit einem für Menschen bestimmten Mittel Terry zu helfen. Im Wagen gehört Terry auf die hinteren Sitze, niemals in den Kofferraum, selbst wenn Sie diesen quasi zum Luftholen einen Spalt offen lassen wollen – Autoabgase würden sich durch Sog darin sammeln und Terry langsam vergiften –, auch vorn, neben dem Fahrer, hat der Vierbeiner nichts zu suchen. Im Zubehörhandel sind Trenn-Netze erhältlich, welche den vorderen Teil des Autos abtrennen und recht einfach im Wagen anzubringen sind. Diese Absperrung schützt zweifach: einmal kann der Vierbeiner nicht aus irgendwelcher Ursache heraus dem Fahrer ins Steuer springen, und zum anderen ist es eine Sicherung bei u. U. einmal notwendigem scharfem Bremsen, denn Sicherheitsgurte für Hunde sind noch nicht erfunden.

Die Reise in den Urlaub wird, wie jede andere Fahrt auch, für Terry mit leerem Magen begonnen und alle zwei Stunden ein Stopp eingelegt. *Vorsicht! Vor* dem Öffnen der Wagentür muß Terry an die Leine genommen werden! Für die Rast zum Füßevertreten, und so etwas ist ja nicht nur für den Terry wichtig, sucht man sich vorzugsweise einen abseits der Autobahn gelegenen günstigen Halt und meidet die leider fast immer stark verschmutzten Rastplätze. Läßt es sich bei Fahrtunterbrechungen über eine längere Zeit nicht vermeiden, daß der Vierbeiner im Wagen bleiben muß, suche man einen sicheren schattigen Parkplatz und lasse die Seitenscheiben einen Spalt geöffnet. Aber denken Sie immer daran, wie rasch sich der Innenraum des Autos erhitzt, selbst wenn das Gefährt im Schatten abgestellt wird. Auch Airedale-Terrier, obwohl nicht zu den besonders anfälligen Rassen gehörend, können einen Hitzschlag erleiden. Ins Reisegepäck für den Vierbeiner gehören ein paar Decken

als provisorisches Lager am Urlaubsort, Trink- und Futternapf, Kamm und Bürste, sein Lieblingsspielzeug sowie ein paar Pakete Hundekuchen oder Trockenfutter der Sorte, an die Terry gewöhnt ist. Nicht immer findet man am Urlaubsort auf Anhieb die richtige Futterquelle, es sucht sich leichter danach, wenn man etwas Reserve dabei hat. Eine zusätzliche Leine samt Halsband mitzunehmen ist empfehlenswert, manche Länder haben, zumindest in den größeren Städten, sogar Maulkorbzwang. Das erfahren Sie vom betreffenden Konsulat auch vor Reisebeginn, und so kann man Terry schon zu Hause an das Tragen eines solchen Beißkorbs, wie der Maulkorb auch oft genannt wird, gewöhnen. Ein gut angepaßter Maulkorb schadet dem Hund keineswegs beim Tragen, er muß eben nur daran gewöhnt sein. Unbedingt mitnehmen sollte man in einer Thermosflasche etwas kaltes Trinkwasser, und da Hunde – gleich manchem Menschen – auf fremdes Trinkwasser mit Durchfall reagieren, gibt man am Urlaubsort vorbeugend entweder einfaches Mineralwasser, aus dem die Kohlensäure herausgequirlt ist, oder schwach gekochten schwarzen Tee zum Durstlöschen. In die Reiseapotheke gehören für Terry bestimmte Kohlekompretten, auch eine kleine Tube Augensalbe sowie Insektenpuder und ein Flohhalsband können nützlich werden.

Viele Urlaubsorte haben sich längst auf den Feriengast *mit* Hund eingestellt, trotzdem ist es wichtig, daß die örtlichen Anordnungen hinsichtlich der Vierbeiner strikt beachtet werden. Geben Sie der zunehmenden Anti-Hunde-Kampagne durch Ihr Verhalten als Urlauber mit Hund keine neuen Argumente. Beweisen Sie mit und durch Ihren gut erzogenen Terry, daß Anti-Hund richtiger Anti-unvernünftiger-Hundehalter heißen müßte. Und da Sie ja sicherlich nicht zu den letztgenannten unerfreulichen Zeitgenossen gehören, sind Sie wohl auch darauf vorbereitet, daß Ihr Terry voller Lebensfreude urplötzlich einmal seine gute Erziehung für einen Moment vergißt, vergessen könnte, um — dies als Beispiel gedacht — durch oder über die Betten zu toben. Hinterher festzustellen, daß der Terry *dies* noch nie gemacht hat, nutzt wenig. Vorsorgen ist für diesen Fall richtiger, und dazu gehört, daß das provisorische Lager für Terry in einer ruhigen Ecke im Zimmer vor-

bereitet wird, so daß die Möglichkeit besteht, ihn dort an der Leine, vielleicht um ein Schrankbein gewickelt, festzubinden. Da Terry Sie auf allen Ihren Unternehmungen am Urlaubsort begleitet, ist dieses Anbinden ja immer nur für eine kurze Zeitspanne, z. B. während Sie essen gehen. Jedenfalls sollten Sie auf der Hut sein und darauf achten, daß Ihr Terry sich auch in fremder Umgebung nicht ungebührlich benimmt. Der dadurch eventuell entstehende materielle Schaden ist gar nicht einmal das Wesentliche, viel ärger würde zu Buche schlagen, sollte sich der Hotel- bzw. Pensionsbesitzer entschließen, künftig keine Gäste mit Hund mehr aufzunehmen.

Ausstellungen

Für viele *Nur*-Hundehalter werden Hundeausstellungen zur schönsten Nebensache der Welt. Hier trifft man Gleichgesinnte, tauscht Erfahrungen aus und schließt Freundschaften. Vielen macht es einfach Spaß – und so ein bißchen Ehrgeiz ist auch dabei –, ihren Airedale-Terrier in die große Konkurrenz zu schicken und, sofern es sich herausstellt, daß er zu den Schönsten gehört, auf die Jagd nach Anwartschaften für einen der zu erringenden *Champion-Titel* zu gehen. Nahezu alle erfolgreichen Liebhaber-Aussteller haben zunächst Lehrgeld zahlen müssen, weil sie natürlich zu Beginn nicht so firm waren. Aber sie haben von den Erfahrungen und vor allem von den Züchtern, welche ja ausstellen *müssen,* gelernt. Unsichtbar über jeder Hundeausstellung steht, daß „wer nicht verlieren kann, nicht wert ist zu gewinnen", und zu gewinnen gibt es sowieso keinen Geldpreis, sondern lediglich eine Urkunde mit eingetragener Bewertung und vielleicht, aber dies hängt oft von der Plazierung ab, eine kleine Erinnerungsgabe. *Hundesport,* und dazu gehört das Ausstellungswesen mit allem, was dazu gehört, ist ein Geld kostendes und nicht Geld einbringendes Hobby.

Sind Sie daran interessiert, *wie* schön Ihr Terry in den Augen des Fachmanns, des Zuchtrichters ist, so informieren Sie sich rechtzeitig über Teilnahmebedingungen und sonstige Erfordernisse. Die örtlichen Untergruppen des KFT geben gerne Auskunft und veranstalten Trimm- und Vorführungskurse. Möglicherweise hat der Terry-Züchter ein Interesse daran, daß sein Zuchtprodukt der breiten Öffentlichkeit vorgestellt wird, und gibt Hilfestellung, besonders hinsichtlich des ausstellungsmäßigen Zurechtmachens wird dies nötig sein. Aufschlußreich und lehrreich zugleich dürfte für Sie auch der Besuch einer Hundeausstellung zunächst ohne Ihren Terry sein. Dabei können Sie sich den Ablauf einprägen und als stiller Beobachter am Ring sich die Geschehnisse im Ring anschauen. Dazu aber wäre eine kleine Warnung angebracht: Versuchen Sie nicht, die Art und Weise des Vorführens einfach zu kopieren, sondern versuchen Sie für sich herauszufinden, wie sich Ihr Terry am vorteilhaftesten zeigt und bewegt.

Daß man sich für den ersten Versuch nicht siegessicher die größte Ausstellung im Land aussucht, gebietet die Vernunft. Niemand vermag doch mit völliger Sicherheit vorauszusehen, wie sich sein Airedale-Terrier unter all den fremden Artgenossen verhält und wie er sich, trotz aller Übung vorher, präsentiert. Vergessen sollten Sie auch nicht, daß sich Ihr verständliches Lampenfieber auf den Vierbeiner überträgt. Es gibt viele kleine Spezial-Terrier-Zuchtschauen über das ganze Jahr verteilt. Nicht, daß das Gewinnen hier leichter wäre, aber selbst die erfahrensten Züchter/Aussteller bevorzugen diese kleineren Ausstellungen für ihre jungen und ringunerfah-

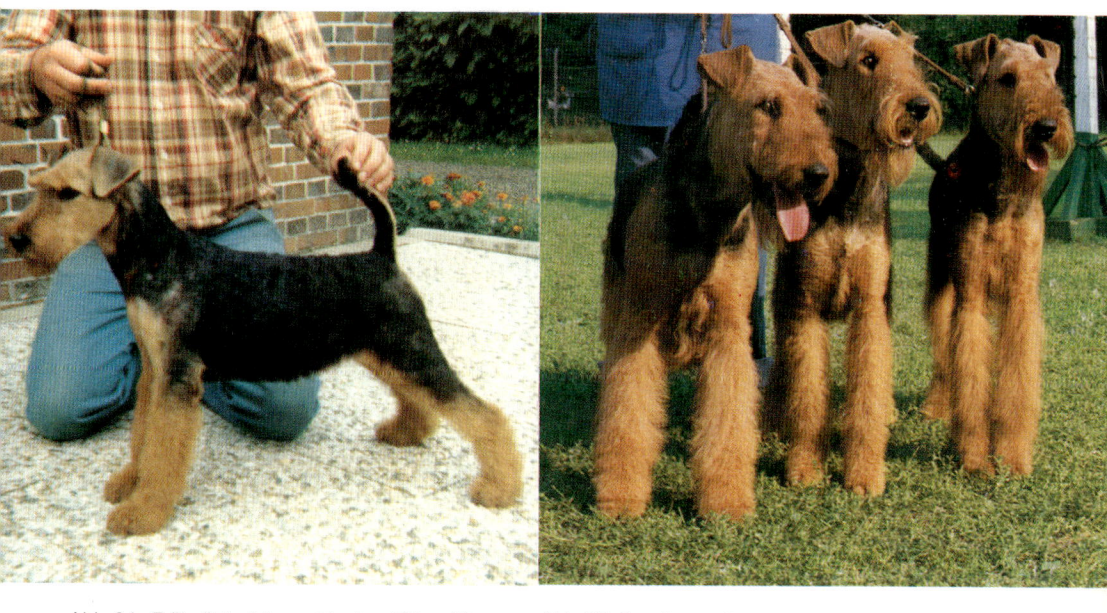

Abb. 24. Früh übt sich … Mustergültige Standardposition für den Ausstellungsring. (Foto: Schöneberg)

Abb. 25. Das Ausstellungsfieber hat sie gepackt. (Foto: Antoni)

renen Hunde, schon um diese erst einmal an den Trubel zu gewöhnen. Denn es reicht eben nicht, daß Terry schön ist, er muß dies vor den kritischen Augen des Zuchtrichters auch zeigen, und so manche Chance wird vertan, weil entweder Vorführer und/oder Vorgeführter nicht so recht wissen, worauf es ankommt. Sollten Sie Kinder haben, wäre es sicher ratsam, daß Sie sich hinsichtlich der Aussichten Ihres Terry beraten lassen, bevor Sie ihn zu einer Ausstellung anmelden. Wenn Erwachsenen oft das Verständnis für die vielen Einzelheiten und Feinheiten abgeht, nach denen ein Zucht-

richter bewertet und plaziert, wie soll man diese Einsicht von jungen Menschen verlangen? Für viele Kinder ist oft gerade *das,* was den Ausschlag für eine nicht so hohe Bewertung gab, das Schönste an ihrem vierbeinigen Gefährten, weil nur er es hat, es ist sozusagen einmalig.

Der Zuchtrichter ist gehalten, die ihm vorgeführten Hunde sachlich und objektiv zu bewerten, und er hat dabei nicht die rosarote Brille des jeweiligen Besitzers auf der Nase. Wie aber sein Urteil auch immer ausfällt, für Sie sollte Ihr Terry letztlich doch der Beste und Liebste sein und bleiben!

Einige Gedanken zur Zucht

Es wurde schon davon gesprochen, daß derjenige, welcher sich für den Aufbau einer Zucht interessiert, bereits beim Erwerb seines Airedale-Terriers einiges zu beachten hat. Dieser angehende Züchter wird sich ausreichend durch Gespräche mit Züchtern und Zuchtwarten sowie über das Studium der speziellen Fachliteratur informiert haben. Doch auch diejenigen, denen erst im Verlauf der Hundehaltung der Gedanke kommt, wie schön es wäre, wenn es von Terry Kinder gäbe, müssen *vorher* einiges bedenken, sich informieren und beraten lassen. Die nachfolgende Aufzählung der zu beachtenden Punkte erhebt weder Anspruch auf Vollständigkeit, noch setzt ihre Reihenfolge Prioritäten.

Beachtet werden müssen die *Zuchtbestimmungen,* diese sind die Voraussetzung für die Eintragung der Welpen in das Zuchtbuch und die Ausfertigung der Ahnentafeln durch den Klub für Terrier e.V. Diese Vorschriften sind keinesfalls geschaffen worden, um den Züchtern das Leben schwerzumachen. Sie sind vielmehr die Grundlage jeder ordnungsgemäßen Zucht, zur Förderung einer Rasse sollen nur charakterlich wie körperlich gesunde und dem im Rasse-Standard festgeschriebenen Ideal möglichst nahekommende Airedale-Terrier in der Zucht eingesetzt werden. Diese Grundsätze müssen auch gelten, wenn lediglich ein 1×-Wurf geplant ist, alles andere wäre sinnlose Vermehrung. Die für Airedale geltenden Zuchtbestimmungen sind bei der Hauptgeschäftsstelle des Klubs für Terrier e.V. erhältlich (Adresse s. S.78).

Einfach ist die Frage zu beantworten, ob man Terry, so er ein Rüde ist, zum Decken freigeben soll. *Ja,* sofern die Zuchtzulassungsbestimmungen erfüllt sind und es sich um einen auf Ausstellungen und/oder Prüfungen erfolgreichen Rüden handelt; hier besteht Aussicht, daß seine Dienste mehr als einmal gefragt sein werden. *Nein,* wenn Terry *mal* Vater werden soll, denn einmal auf den Geschmack gekommen, neigt er danach unter Umständen dazu, sich intensiver als sowieso für Hündinnen zu interessieren. Ungeweckt schläft sein Fortpflanzungstrieb meist mit der Zeit erheblich ein.

Unausrottbar scheint das Ammenmärchen, wonach es für eine Hündin so ungemein gesund sein soll, einmal geworfen zu haben. Kinder zur Welt gebracht zu haben schützt die Hündin keinesfalls vor Erkrankungen z.B. der Gebärmutter, das Risiko einer Infektion ist bei einer Paarung mit anschließender Trächtigkeit und Wurf sogar ungleich höher. Ebenso falsch ist die Mär, daß eine Hündin, welche zu stark ausgeprägter Scheinschwangerschaft neigt, quasi durch einen Wurf davon geheilt werden könne bzw. eine besonders fürsorgliche Mutterhündin sein würde. Die bei ungedeckten Hündinnen auftretenden Anzeichen einer Trächtigkeit werden mit knapper und recht trockener Fütterung sowie ausgiebiger Bewegung am sichersten be-

Abb. 26. Ein idealer Zwinger mit Hundehaus und großem Auslauf. (Foto: H. Wirtz)

kämpft. Voraussagen, ob eine Hündin eine sorgsam auf das Wohl ihrer Kinder bedachte Hundemutter wird, sind immer Spekulationen.

Unabdingliche *Voraussetzungen* für eine Zucht sind viel Platz, erhebliche Geldreserven und eine Masse Zeit. Ein Kleinhunde-Wurf kann notfalls — obwohl dies nicht das Ideal ist — in einer Wohnung mit einem kleinen Auslauf (Balkon oder Terrasse) aufgezogen werden. Für heranwachsende Airedale-Terrier ist jedoch ein größerer, fest umzäunter und teilweise gegen Witte-

rungsunbill geschützter Gartenauslauf erforderlich, und die hinreichend große, gut isolierte Hundehütte sollte nicht im Freien stehen. Bei Planung und Anlage einer Zwingeranlage ist auf die Nachbarschaft Rücksicht zu nehmen, eine Meute junger Airedale verhält sich nicht immer mucksmäuschenstill. Auch die im Tierschutzgesetz festgelegten Mindestforderungen müssen unbedingt voll erfüllt werden. Gehaltvolles Futter in ausreichender Menge sowie die notwendigen Aufbaupräparate, zunächst für die tragende, sodann für die säugende Hündin und ab ca. der 3. Lebenswoche auch für die Welpen, müssen beschafft und bezahlt werden. Der Zeitaufwand ist beträchtlich: nicht nur, daß die Zwingeranlage täglich gründlich zu säubern ist und die heranwachsenden Welpen mehrmals am Tag zu füttern sind, auch Spielstunden mit den jungen Airedale sind notwendig, will man ihnen einen guten Start ins Leben schaffen. Aufzuchtfehler hinsichtlich des leiblichen wie seelischen Wohls lassen sich später kaum korrigieren. Ferner müssen Sie sich darüber im klaren sein, daß es unter Umständen notwendig sein wird, einen zu großen Wurf zu reduzieren. Airedale-Terrier-Würfe können zahlenmäßig recht groß sein, je größer die Welpenschar, desto wahrscheinlicher ist, daß nicht alle Neugeborenen vital sind. Es hat absolut nichts mit Tierschutz zu tun, wollte man den Versuch unternehmen, lebensschwache Welpen aufzupäppeln. Selbst wenn es unter großer Mühsal gelingen sollte, derartige Vierbeiner werden in ihrem späteren Leben immer Sorgenkinder bleiben. Ihr Tierarzt und der Zuchtwart werden Ihnen beratend zur Seite stehen, sollten Sie mit diesem Problem konfrontiert werden.

Schließlich muß für die Kleinen ein gutes, neues Zuhause gefunden werden, und über diese Trennung schreibt es sich leichter, als sie dann geschieht. Hängt doch an jedem der Kleinen ein bißchen Herz; man hat sie aufwachsen sehen und sich vom ersten Tag ihres Lebens tagtäglich über jeden Fortschritt gefreut. Nicht immer findet sich sofort für jeden Welpen ein Herrchen oder Frauchen, denen man unbesorgt seinen Zögling anvertrauen möchte. Es wäre arg, sollten Sie gezwungen sein, unter Druck danach zu suchen, weil Ihnen aus welchen Gründen auch immer alles doch etwas über den Kopf wächst. Bevor Sie nach diesen Erfahrungen zu der Feststellung gelangen

müssen, daß Sie sich dies alles doch etwas anders vorgestellt haben, nochmals der Rat: mehr als einmal überlegen und sich beraten lassen.

Ohne auf immer mögliche Komplikationen einzugehen – dafür ist ohnehin der Tierarzt zuständig –, nachfolgend noch eine Kurzfassung des Ablaufs von *Paarung – Geburt – Aufzucht*.

Paarung – Geburt – Aufzucht

Für ihren ersten Wurf sollte die Hündin nicht viel jünger als 18 Monate und nicht älter als 3 Jahre sein. Beachtet werden muß bei der Planung eines Wurfes, ob der Zeitpunkt, zu dem die jungen Airedale den neuen Besitzern übergeben werden können, mit der Haupt-Urlaubszeit zusammenfällt. Mit ziemlicher Sicherheit ist damit zu rechnen, daß in diesen Wochen die Nachfrage sehr gering ist, und es wäre deshalb günstiger, erst die nächste Läufigkeit der Hündin für einen Wurf zu nutzen. Die Zustimmung des Besitzers des in Aussicht genommenen Deckrüden muß frühzeitig eingeholt werden, und eine sofortige Benachrichtigung und Anmeldung für den Decktag – günstig ist hierfür der 12. oder 13. Tag der Läufigkeit – erfolgt, sobald man den 1. Tag der Hitze bei der Hündin festgestellt hat.

Da es üblich ist, daß die Hündin zum Deckrüden reist, wird für diese Fahrt ausreichend Zeit eingeplant. Zum einen klappt es nicht immer sofort mit dem Deckakt, und zum anderen ist eine hastige Anreise und sofortige Rückfahrt nach dem Decken oft die Ursache dafür, daß die Hündin nicht aufgenommen hat, wie man in Hundekreisen sagt. Besonders wichtig ist ferner, daß die Hündin auch in den Tagen *nach* dem Belegen sorgsam be- und gehütet wird, denn es ist durchaus möglich, daß sie Annäherungsversuchen anderer Rüden nicht ablehnend gegenübersteht. Möglicherweise gäbe es Kinder verschiedener Väter. Bis zur 5. bis 6. Woche der Trächtigkeit kann die Hündin wie sonst gehalten werden. Das Futter sollte nicht in der Menge, aber vom Nährwert her gehaltvoller sein, und Aufbaupräparate müssen unter strikter Beachtung der gegebenen Dosierungsvorschriften gegeben werden. Auch Bewegung ist notwendig, dies stärkt Bauch- und Rückenmuskulatur, wobei selbstverständlich Sprünge über Hürden oder dergleichen unterbleiben. Ab ca. 6. Woche der Tragezeit kann die Menge des täglichen Futters langsam gesteigert werden, und vor allem verteilt man die täglichen Mahlzeiten auf mehrere Fütterungen am Tag, bei zunehmender Leibesfülle ist dies für die Hündin angenehmer. Jetzt wird auch die Wurfkiste vorbereitet und in einem ruhigen und gut temperierten Raum aufgestellt.

9 Wochen (gleich 63 Tage) sind der Mittelwert der Tragezeit. Wann genau es wirklich losgeht, kann mit Hilfe eines Fieberthermometers recht exakt festgestellt werden. Die Normaltemperatur eines Hundes liegt bei ca. 38,5°C, beginnt man mit dem Messen – morgens *und* abends ist angeraten – am 56. Tag der Trächtigkeit, ist eine Überraschung ausgeschlossen, denn 24 Stunden vor dem Einsatz der Geburt sinkt die Körpertemperatur um 1°C bis 1,5°C, um danach wieder anzusteigen. Der Tierarzt wird über den voraussichtlichen Geburtstermin informiert, so kann man sicher sein, daß er schnell erreichbar ist, wenn Komplikationen auftreten sollten. Manche Hündinnen werden schon Stunden vor der eigentlichen Niederkunft unruhig, andere wiederum zeigen die ersten Wehen kaum an. Ruhe für die Hündin ist wichtig, und der Züchter sollte seine Hündin in ihrer schweren Stunde nun nicht sich selbst überlassen. Zuspruch und Lob nach vollbrachter Leistung werden von der Hündin dankbar angenommen.

Normal werden die Welpen mit besonders kräftigen Wehen (Preßwehen), noch in der Fruchtblase befindlich, geboren. Die Hündin reißt diese Blase auf, beleckt und säubert den Welpen und nabelt ihn ab. Erstgebärende Hündinnen stellen sich bei ihren Erstgeborenen oft etwas dumm an, hier muß der Züchter helfend eingreifen. Also vorsichtig die Fruchthülle aufreißen, abnabeln, d. h. die Nabelschnur an der Bauchdecke mit zwei Fingern fest zusammenpressen und in mindestens 3 cm Entfernung mit einer stumpfen Schere abtrennen. Der verbleibende Rest trocknet rasch ein und fällt später ab. Danach wird der Welpe mit sauberen, weichen Tüchern behutsam abgerubbelt, Kopf nach unten hängend wird das Mäulchen vom Schleim gesäubert, und hat er bis hierher seinen ersten Atemzug nicht getan, hilft oft etwas kaltes Wasser auf den Kopf geträufelt, und er tut seinen ersten „Schrei".

Spätestens ab jetzt wird die Hündin alles Weitere übernehmen und den neugeborenen Welpen belecken. Keine Panik, wenn sie dabei scheinbar etwas unsanft mit dem Kleinen umgeht, dies ist notwendig, damit sich die Lunge des Neugeborenen auf die

Atmung umstellt. Zu *jedem* Welpen gehört eine Nachgeburt, diese wird von der Hündin aufgefressen. Man soll sie dabei gewähren lassen, denn die darin enthaltenen Hormone fördern u. a. den Milch-Einschuß. Wichtig für den Züchter wäre, sich Notizen zu machen über Beginn der Geburt, Zeitpunkt des Zur-Welt-Kommens der einzelnen Welpen und die Kontrolle, ob die jeweilige Nachgeburt dazu vorhanden war. Bringt die Hündin trotz Preßwehen keinen Welpen zur Welt und hat offensichtlich starke Schmerzen, ist sofort der Tierarzt zu benachrichtigen. Die Entscheidung, ob wirklich alle Welpen geboren wurden, überlasse man ebenfalls dem Tierarzt. Mit einer leichten Wehenspritze, die u. U. eine noch steckengebliebene Nachgeburt zu Tage bringt, verschafft er letzte Gewißheit.

Nach einer normal verlaufenden Geburt benötigt die Hündin Ruhe und nochmals Ruhe, um sich voll ihren Mutterpflichten widmen zu können. Spätestens jetzt lesen Sie nochmals die Zucht- und Eintragungsbestimmungen des KFT genau durch, um alle notwendigen Erfordernisse hinsichtlich Ausstellung der Ahnentafeln für die Kleinen in die Wege zu leiten. Dazu gehört u. a. die Information des zuständigen KFT-Zuchtwartes über den geborenen Wurf. Die Schwänzchen läßt man durch den Tierarzt kupieren, wenn die Welpen 3 Tage alt sind. Selbstverständlich, daß die Mutterhündin bei dieser für die Welpen schmerzlosen Prozedur nicht dabei ist. Kupiert wird auf ca. $2/3$ Länge, d. h. es wird $1/3$ entfernt. Bei recht langen, vom Rutenansatz bis zur Spitze nahezu gleichmäßig verlaufenden Schwänzchen läßt man etwas mehr abnehmen, kürzere mit breitem Ansatz und spitzer zulaufende Ruten werden etwas länger belassen. Der Zeitpunkt des Kupierens ist auch eine gute Gelegenheit, nicht lebenskräftige Welpen auszusortieren. Ihr Tierarzt wird Sie bei dieser schweren, aber notwendigen Entscheidung beraten. Er wird Sie auch über Art und Weise einer eventuell notwendigen sofortigen Zufütterung unterweisen, sei es, weil die Hündin selbst nicht über genügend Milch verfügt oder aber der Wurf zahlenmäßig sehr hoch ausgefallen ist, so daß die Mutterhündin mit der Aufzucht der größeren Anzahl überfordert wäre.

Ist aber alles, wie es sein sollte, verlaufen, vergehen die ersten zwei Wochen für den Züchter relativ einfach. Die Hündin erhält gehaltvolle Nahrung in ausreichender Menge, die Wurfkiste wird sauber gehalten. Die blind und taub geborenen Welpen – sie orientieren sich in ihren ersten Lebenstagen mit der Nase – beginnen um den 10. Tag ihres Lebens die Äuglein zu öffnen, kurz danach reagieren sie auch auf Geräusche. Je nach Menge der vorhandenen Muttermilch und zahlenmäßiger Stärke des Wurfes beginnt man ab 2. bis 3. Woche mit der ersten Zufütterung der Welpen, rohes, ganz fein geschabtes Rindfleisch wird meist sofort angenommen. Bis zur Zufütterung hat die Mutterhündin für die Sauberkeit der Welpen gesorgt, das Bäuchlein massiert und die Exkremente aufgenommen. Die Bauchmassage bei den Welpen wird die Hündin noch fortsetzen, die Ent-

Abb. 27. Die Wahl des Partners will wohlüberlegt sein. (Foto: Schöneberg)

fernung der kleinen Würstchen aber nunmehr dem Züchter überlassen.

Spätestens ab der 4. Lebenswoche verlangt die Hündin wenigstens zeitweise Ruhe vor der Welpenschar, und jetzt muß auch zu regelmäßigen Zeiten ausreichende Zufütterung gereicht werden. Auf 5 Mahlzeiten über den Tag verteilt wird fein durchgedrehtes Fleisch, Milchbrei mit Aufbaustoffen versehen, kleingehacktes Grünzeug oder Obst gegeben. Je nach Wetterlage können die Kleinen nun auch in den Außen-Zwinger übersiedeln. Wichtig ist enger Kontakt zwischen Züchter und heranwachsenden Welpen, auch an allerlei Geräusche sollten die Kleinen gewöhnt werden. Selbsterzeugter Lärm erweckt am wenigsten Angstgefühl, daher wäre z. B. eine größere, gut verschließbare Dose, gefüllt mit kleineren Steinen in den Auslauf gestellt, eine gute Möglichkeit. Fällt die Dose beim Spiel der Kleinen um und rollt klappernd weiter, wird die Neugier sie bald treiben, nach der Ursache für diesen Lärm zu suchen, damit ist ein möglicher Schreck schon überwunden. Bei einer sehr isoliert angelegten Zwingeranlage hilft auch die zumindest stundenweise ,,Berieselung'' durch ein Radioprogramm. Nachdem die Welpen 6 Wochen alt sind, werden die Kleinen im Ohr tätowiert. Dies geschieht durch den KFT-Zuchtwart oder, wenn Ihnen dies lieber ist, durch Ihren Tierarzt im Beisein des KFT-Zuchtwartes. Letzterer unterschreibt bei dieser Gelegenheit dann die für die Eintragung und Ausstellung der Ahnentafeln erforderlichen Formulare. Bevor die nun schon langsam recht groß werdenden Airedale von dem neuen Besitzer übernommen werden – frühestes Abgabealter ist 8 Wochen –, müssen sie mindestens 2 × entwurmt worden sein und sollen die ersten Schutzimpfungen erhalten haben. Auch über diese Dinge wird Sie der Tierarzt beraten. (Weiterführende Informationen finden Sie in einem weiteren Band der KOSMOS-Hundebibliothek: *H. Wirtz, Welpenaufzucht.*)

Fürsorge im Alter

Es gibt einen alten Jägerspruch, der da lautet: Drei Jahre ein junger Hund – Drei Jahre ein guter Hund – Drei Jahre ein alter Hund. Nicht zuletzt dank veterinär-medizinischer Forschung und der dem Vierbeiner durch aufgeklärte Besitzer zukommenden Fürsorge stimmt diese Jägerweisheit heutzutage nur noch sehr bedingt. Vor allem der Airedale-Terrier ist länger jung und auch länger ein guter – lies voll leistungsfähiger – Hund. Terry gehört zu einer Rasse, die mit Vitalität und Temperament den Beginn des Alterns oft überspielt. Dies sollte Sie jedoch nicht davon abhalten, die Vorsorge für das Wohlergehen im Alter frühzeitig zu beginnen. In vielem ähnelt diese Fürsorge den Dingen, welche beim jungen, heranwachsenden Terry beachtet werden mußten. Die jährlich zum jeweiligen Impftermin durchgeführte Kontrolluntersuchung beim Tierarzt sollte ab dem 7. bis 8. Lebensjahr des Terry halbjährlich erfolgen. Eine dabei u. U. im Frühstadium erkannte altersbedingte Erkrankung ist so erfolgversprechender zu behandeln. Ab dem 7. Lebensjahr von Terry sollten Sie damit beginnen, seine Nahrung auf besonders gehaltvoll und leicht verdaulich umzustellen. Zusätzliche Vitamingaben sind beim alternden Hund erforderlich, ferner kann der Tierarzt für Vierbeiner geeignete Geriatrika empfehlen. Der Organismus eines älteren Hundes darf nicht überlastet werden, es wäre daher angebracht, die tägliche Ration in zwei Fütterungen aufgeteilt zu reichen. Eventuell ist die Menge zu reduzieren, denn auf seine schlanke Linie ist strikt zu achten. Spiel und Spaziergänge sind nach wie vor notwendig, jedoch sollte hierbei beim älteren oder alten Terry jegliche Überanstrengung vermieden werden. Also besser 4 × täglich kürzere Wege gehen, statt der früheren länger ausgedehnten täglichen drei Spaziergänge. Bei eingeschränkter Bewegung unbedingt auf zu lang wachsende Krallen achten! Respektieren Sie das größer werdende Ruhebedürfnis des älter werdenden Terry, auf der anderen Seite lassen Sie sich von ihm aber nicht über sein tatsächliches Leistungsvermögen täuschen. Kenner der Rasse wissen, wie hart ein Airedale sein kann und daß, wenn er erst seinen Kopf hängen läßt, es meist schon sehr schlimm mit ihm steht.

Im Gebiß müssen kranke oder lose sitzende Zähne entfernt werden. Diese sind nicht nur schmerzhaft und erschweren die Nahrungsaufnahme, sondern sind auch oft die Ursache mancherlei Erkrankungen. Zu den Beschwernissen im Alter gehören beim Hund Rheumatismus und Arthritis, daher ist ein Schutz vor Erkältungen und Zugluft sehr wichtig. Terry wird eine zusätzliche weiche, warme Decke für sein Lager brauchen. Steifer Gang, Schmerzäußerungen beim Aufstehen oder Berühren von Körperteilen sind sehr ernst zu nehmende Anzeichen einer – meist rheumatischen – Erkrankung, der Tierarzt kann lindernde Mittel verschreiben.

Vernachlässigen Sie niemals die tägliche Pflege wie bürsten usw. Zwar klingt es unglaubwürdig, doch Terry würde jede Nachlässigkeit spüren. Auch beim Vierbeiner gibt es durchaus das seelisch bedrückende Gefühl, nicht mehr so wichtig genommen zu werden. Sie sollten es bei Terry nie aufkommen lassen.

Nüchtern muß jedoch festgestellt werden, daß sich niemand einen Hundefreund nennen darf, der seinen Vierbeiner unnötig leiden läßt. Bei einer mit vielen Schmerzen verbundenen, unheilbaren Krankheit oder einem rapide einsetzenden altersbedingten Kräfteverfall hat der Tierarzt die Möglichkeit, Terry mittels einer einschläfernden Injektion vor längerem Siechtum zu bewahren. Dieser gewiß nicht leicht zu fassende Entschluß muß getroffen werden, wenn man den Grundsatz des Tierschutzgedankens ernst nimmt: Kein Tier darf unnötig leiden. Mit dem Entschluß, dem Terry eine unnötig lange Leidenszeit zu ersparen, erweisen Sie ihm einen letzten Dienst als Dank für Hingabe und Treue zu seiner Familie. Gewiß ist dieser Abschied schwer und schmerzlich und doch, nichts tröstet rascher über den Verlust hinweg als ein neuer Vierbeiner. Er wird und kann kein Ersatz sein, ein Vergleich wird immer hinken, denn kein Lebewesen gleicht dem anderen völlig. Auch man selber wird bei Aufzucht und Erziehung einen eventuell gemachten Fehler nicht wiederholen, schon von daher wird man einen anderen Hund haben, als es der alte Terry war.

Haben Sie, wie schon so viele Airedale-Terrier-Liebhaber vor Ihnen, herausgefunden, wie viel Herz in der rauhen Schale steckt, werden auch Sie sagen:

„Einmal ein Airedale, immer ein Airedale", und sich auf die Suche begeben nach einem neuen Terry. Irgendwo wartet sicherlich schon so ein kleiner Tolpatsch auf *seine* Familie, der er all die ihm zuteil werdende Fürsorge mit viel Hingabe und unerschütterlicher Treue danken wird.

Abb. 28. Bewegung und Auslauf sind auch im Alter noch notwendig. (Foto: S. A. Thompson)

Nützliche Adressen

Züchter-Anschriften, Ausstellungsdaten, Adressen örtlicher Untergruppen, Rat und Auskunft über den Airedale-Terrier erhalten Sie in der Bundesrepublik Deutschland beim

Klub für Terrier e.V. (KFT)
Hauptgeschäftsstelle
Postfach 11 46
6092 Kelsterbach am Main.

Der KFT ist Mitglied im
Verband für das Deutsche
Hundewesen e.V. (VDH)
Hoher Wall 20
4600 Dortmund 1.

In Österreich frage man an beim
Österreichischen Kynologenverband (ÖKV)
Johann-Teufel-Gasse 8
A-1238 Wien

In der Schweiz gibt gerne Auskunft
Schweizerische Kynologische
Gesellschaft (SKG)
Länggasstr. 8
CH-3012 Bern.

Sachregister